日本国際経済学会編

国際経済　第68巻

新たな秩序を模索する世界経済
―今後の展望と課題―

日本国際経済学会研究年報

2017

目　次

第75回全国大会　　共通論題
新たな秩序を模索する世界経済―今後の展望と課題―

FTA交渉の政治経済分析―交渉分野および交渉参加国をめぐる駆け引き―
………………………………………………………………浜中慎太郎（ 1 ）
　コメント……………………………………………………木村　福成（27）
為替制度の移行における動学的な最適経路：中国，シンガポール，マレーシアの分析………………………………吉野　直行・阿曽沼多聞（31）
　コメント……………………………………………………岩本　武和（53）
ドーハ・ラウンド交渉の変遷とWTOの将来 ……………深作喜一郎（57）
　コメント……………………………………………………小浜　裕久（96）

会報

日本国際経済学会第75回全国大会　103
日本国際経済学会第7回春季大会　110
会員総会の議事と決定　114
役員名簿　118
役員の業務分担　120
各支部の活動報告　122
　関東支部　122
　中部支部　123
　関西支部　124
　九州・山口地区研究会　126
本部・各支部事務局所在地　127
日本国際経済学会　会則　129
「役員・本部機構」内規　132
「常任理事・理事の職務分担」内規　137

「出版委員会の役割」内規　139
「投稿論文審査」内規　140
「選出理事選考」内規　141
「全国大会運営」内規　142
「会員資格」内規　144
「日本国際経済学会小島清基金の運営」　145

共通論題

FTA 交渉の政治経済分析 *
―交渉分野および交渉参加国をめぐる駆け引き―

アジア経済研究所　浜中慎太郎

要旨

　FTA 交渉を含む国際交渉では，主導権を主張する複数の国々が自国に有利な交渉分野，交渉参加国を提案するため，交渉分野，交渉参加国構成，主導権を発揮できる国の全てが不明確な混沌とした状況が続く。どのような駆け引きを通じてそのような混沌状況から脱却し，国際ルール形成が行われてゆくのであろうか。本稿では FTAAP，TPP，RCEP の 3 つのケースを用いて，交渉分野の設定および交渉参加国の限定を企てる国々の駆け引きを分析する。

キーワード：自由貿易協定（FTA），国際交渉，国際政治経済学，TPP，RCEP，FTAAP

1. はじめに

　自由貿易協定（Free Trade Agreement: FTA）の最も重要な成果はもはや貿易等の自由化ではなく，新たな貿易ルール・基準の設定であるとよく言われる（Kimura et al 2014; Petri and Plummer 2012）。本来貿易ルール・基準について

---

* 本稿は 2016 年 10 月 29 日に開催された日本国際経済学界第 75 回全国大会の共通論題「新たな秩序を模索する世界経済：今後の展望と課題」における発表論文を加筆修正したものである。大会においては貴重なコメントを多数頂いた。特に討論者をつとめて下さった慶應義塾大学木村福成先生には特別の感謝をしたい。
** E-mail: Shintaro_Hamanaka@ide.go.jp

の交渉は多国間の場である世界貿易機構（World Trade Organization: WTO）において様々な立場の国の意見を踏まえて行うのが最適であるが，同機構の機能低下により，この領域においてもFTAの存在感が高まっている。特に2016年2月に署名されたTPPは30章を有する長大な協定で，ルール形成の成果が強調される。しかしながら，パワーポリティクスの観点から地域的FTA政策・戦略を説明する研究（Panda 2014），設定されたルールの比較研究（Tham and Ewing 2016），FTAの交渉経緯・背景を説明した研究（Elms and Lim 2012; Lewis 2011）は蓄積されつつあるものの，ルール設定の「駆け引き」について考察した研究は意外に少ない。

　実際にルールが設定される際には，複数の国々が主導権を主張し，自国に有利な交渉分野の設定，交渉参加国の構成を達成しようとする。このため，交渉分野，交渉参加国構成，主導権を発揮する国の全てが不明確な混沌とした状況が続く。どのような駆け引きを通じて混沌状況から脱却し，交渉分野，交渉参加国，主導権を発揮する国が次第に明らかとなる中でルール形成が行われていくのであろうか（あるいは交渉が漂流するのであろうか）。それらを明らかにすることが本研究の主目的である。特に，自国に有利な交渉分野を設定し，少数国でルールを合意し，他の国々を後から参加させてルールに従わせる（ルール設定には加わらせない），という戦略についての分析を行う。

　そもそも論として，「駆け引き」は重要なのかという問題があろう。駆け引きは存在したとしても，結局は大国の主張が通り，交渉結果に影響はないという意見にも一理ある。しかし本稿では駆け引きが創設された制度に影響を及ぼしたか否かについては議論しない。その理由は第一に，「駆け引きがなかった場合」との比較は極めて困難だからである。第二に交渉が駆け引きの末に妥結するとは限らないからである（漂流する交渉も興味深い研究対象である）。本稿ではむしろ，なぜ，どのように駆け引きが行われているのかを明らかにすることで駆け引き自体への理解を深めることに注力する。駆け引きに多大な資源が費やされている現実を鑑みれば，実際に創設された制度のみならず，制度の創設に至るかもしれない（至らないかもしれない）交渉

の駆け引き自体を考察の対象とすることに一定の意義はあろう。

本稿の構成は以下のとおりである。まず次節ではルール設定・制度創設を交渉分野および交渉参加国の観点から論じた文献を簡単にレビューする。その後本稿が分析の枠組みとして用いるルール設定の二段階（混沌状態を脱却しルールが少数国で設定される段階，非メンバー国がルールを受け入れる段階）についての説明を行う。その後FTAAP，TPPおよびRCEPの交渉の場で，それぞれの段階において日米中が駆け引きを通じてどのように自国に有利な交渉分野を設定し，交渉参加国のコントロール，特にライバル国の排除を行ってきたのかを考察する。

なお，本稿で分析の対象とするのはFTAにおけるルール設定であるが，制度がどのように創設され非メンバーをどのように受け入れてゆくのかというより一般的な問題として捉えることも可能である。すなわち，「ルール設定」と「制度創設」は本稿において読み替え可能である。

2. 交渉分野・交渉参加国と制度創設の関係に関する既存文献

国際政治経済学（International Political Economy, IPE）の最も根源的な問いの一つは，なぜ国家は「経済」制度を構築するのかというものである。パワーを重視する覇権安定論は，圧倒的な国力を有した覇権国が制度を創設すると論じる。米国が樹立した戦後のブレトンウッズ体制が一例である。覇権の衰退後は各国が協調して制度を維持する可能性があるが（Keohane 1984），制度創設自体は覇権国による一方的行為である。覇権国による制度創設が利己的なものか利他的なものかについては見解が分かれるが（Grunberg 1990），覇権国は圧倒的な国力を有するため，特段の駆け引きなしで制度を設立できる。

いわゆる制度論（ネオリベラル制度主義）は，特定かつ所与の選好を有した合理的国家が，協力によって制度を創設することが可能なのかという問題に焦点をあててきた。1980代から1990年代初の文献の多くは，交渉参加国が多いと取引費用が増大するため協力は困難とした（Oye 1985, Caporaso 1992）。一方，Kahler（1992）は重要な変数は交渉参加国の数ではなく政策

選好の分散であり，選好が類似した国々の間では国数に関わらず協力が可能であると論じた。これは，文化的背景の類似性のみならず，興味を有する交渉分野が類似する国々の間では制度を構築することが比較的容易であることを示唆する。しかしながら，既存文献の関心の対象は主に協力に影響を及ぼす可能性のある「変数」の提示に留まっている感がある。興味を有する交渉分野が類似した国々の間で協力が比較的容易であることは事実であろうが，どのように特定の交渉分野が設定されるのか，どのように交渉分野の興味を共有しない国々が交渉から排除されてゆくのかといった経緯についてはほとんど明らかにされていない。

　一方構成主義者は，国々の選好は所与ではなく，社会的に形成されるものだとする。したがって，制度が構築された後，非参加国が参加についての利益をどのように「見出していく」のかというプロセスや，制度に参加することによって国の選好がどのように変化していくのかという問題に分析の焦点が当てられる。特に後者は「社会化 Socialization」といわれる（Ba 2006）。例えば，WTO に加盟したことによって，自由主義的な政策に理解を示し始め，それらを次第に選好するようになるといった変化である。構成主義者は，メンバーシップ取得の判断やメンバーシップ取得による選好の変化に分析の焦点を当てているが，制度自体の動的な発展，特に初期メンバーから排除し後から参加させる策略や，なぜ特定の国が排除されるのかといった問題については深い考察がなされていない。

　このような各学派の溝を埋めるべく，最近の文献は制度創設の動的な分析に焦点をあてるものが増えている。古くからある「狭くて深い協定と広くて浅い協定」（Nugent 1992; Gilligan 2004）といったトレード・オフ関係の考察を超えた，制度の動的な発展を，内部者と外部者のせめぎあいの観点から論じた研究が増えている。特に，有志国によって創設された制度の将来のパスは，非メンバー国をどのように受け入れるのかというルールの影響を大きく受けるということが分かってきている。Downs et al. (1998) は，少数国で協定を締結しその後参加国を拡大したほうが，最初から多数国で締結される協

定よりも「深く」なることを理論として提示した。Kelley（2013）は参加条件やメンバーシップの区別が制度発展や新規加盟に影響を及ぼすことを示した。しかしながら，依然理論的な議論に留まり，どのように制度が対象とする分野や参加国が決定されてゆくのかについて，十分な研究蓄積があるとはいえない[1]。

　以上纏めると，制度論者の研究を中心にして制度の創設条件についての文献が長期間にわたって蓄積されてきたとともに，近年は新規参加国および受入国の観点からの制度の創設・発展に関する研究も進展してきている。一方，「どのように」交渉分野および交渉参加国の観点から都合のよい交渉を開始させるのか，交渉は妥結するのかしないのか，といった駆け引きについては十分な研究蓄積があるとはいえない。この点を本稿では掘り下げたい。

3. 分析の枠組み：交渉参加国と交渉分野のコントロール

　ルールの設定を分析する際には，二つの段階に分けて考察することが有益である。ルール設定前の混沌を脱却しルールが少数国で設定される段階および非メンバー国がルールを受け入れる段階である。

3.1　初期の混沌状態：主導権に関する二つのパラドックス
主導権と交渉分野のパラドックス

　本稿において「交渉分野」は，交渉分野に何が含まれるのかという意味で使う。例えば，「国有企業の規律」が交渉対象であるか否かという問題である。しかしながら，三つの重要な留意点がある。第一に，分野は細分化が可能であり何が分野なのかという問題は常に論争の的となる。例えば，通常サービス貿易の中に人の移動（サービス提供者の移動）という細分野が存在する。しかしながらサービス貿易を狭く定義し，人の移動をサービス貿易と

---

[1] 既存文献は欧州の拡大について論じるものが大半である。欧州ではアジア太平洋と異なり，地域範囲はある程度明らかである。協力分野についての見解も，少なくともBrexit以前はそれほど深刻な対立はなかった。

並ぶ分野として交渉することも可能である。第二に，分野横断的な交渉「分野」が存在する。「開発」はその典型例であろう。第三に，交渉の様式についての交渉が実質的に分野の交渉となっている場合が多い。例えばFTAにおける無税品目の比率の目標を低く抑えることで実質的に農業を交渉対象から除外するということが可能である。つまり，農業が含まれるかどうかは，無税化品目の比率の交渉に取って代わられている[2]。

　ここではまず，交渉参加国は所与であるとする。各国は特定分野において様々な利害関係を有するが，それらを反映して交渉参加国の中でその特定分野の交渉において主導権を発揮できる国が明らかになる。つまり，ルールが設定される特定の分野が決定すれば，グループの中で主導権を有する国は明らかになる。他方，国々は主導権を発揮することで自国に都合のよい分野を交渉対象とし，自国に都合の悪い分野を対象から外そうとする。要するに，交渉分野は主導権を発揮する国によってある程度決定されるといえる。したがって，主導権の所在は交渉分野に，また，交渉分野は主導権を発揮する国によって決定されるという双方向の因果関係がある。

　例えば，米国と途上国（中国，インド等）の間のWTO交渉を見てみよう。交渉分野がサービス貿易自由化であれば，米国が主導権を発揮しよう。一方，交渉分野が開発であれば，途上国が主導権を発揮しよう。実際WTOではこのような主張の行き違いから，交渉が噛み合わず，行き詰っている。交渉分野が明らかでないので誰が主導権を発揮できるのかが不明になり，同時に，主導権を有している国が明らかでないので交渉分野が定まらず，交渉が漂流してしまう。

主導権と交渉参加国のパラドックス

　交渉参加国構成と主導権の関係はどうであろうか。二つの考えるべき問題がある。第一に，参加構成国中で単独で主導権を発揮する可能性が高い国はどこなのかという問題。第二に，主導権の発揮を試みる国の「シンパ」が存

---

[2] 米国の yarn forward rule を，繊維部門を実質的に自由化交渉の分野から外す方策と解釈することも可能である。

在するかという問題。例えばアジアで投資に関するルールを交渉する場合，日中二国間の交渉であれば日本が主導権を発揮する可能性が高いものの，日中を含む複数国間交渉において大多数の参加国が途上国であれば，それらの国々の支持を受けて中国が交渉の主導権を握るかもしれない。

　ここでは，交渉参加国の問題に焦点を当てるため，交渉分野は所与であるとする（例えば投資の自由化）。その場合，交渉参加国構成が決定すれば，当該分野（投資分野）で主導権を有する国は明らかになる。他方，国々は主導権を発揮することで自国に都合のよい交渉参加国構成（多数のシンパの参加）を実現しようとする。要するに，交渉参加国構成は主導権を発揮する国によってある程度決定されるといえる。したがって，主導権の所在は交渉参加国構成に，また，交渉参加国構成は主導権を発揮する国によって決定されるという双方向の因果関係がある。

　例えば日米中のライバル関係を想定してみよう。ここでは米国，日本，中国の順に単独で主導権を発揮する可能性が高いとしよう。米国が交渉参加国に含まれれば，米国が主導権を発揮する可能性が高い。しかし，日本，中国がそれぞれのシンパを多く交渉参加国に入れることで米国から主導権を奪おうとするかもしれない。米国が交渉参加国に含まれなければ，日本が主導権を発揮する可能性が高い。しかしここでも，中国がシンパを多く交渉参加国に入れることで日本から主導権を奪おうとするかもしれない。米国，日本とも交渉参加国に含まれなければ，中国が主導権を発揮する可能性が高い。

　実際の制度創設の際には，上記二つのパラドックスが複雑に絡み合い，極めて複雑な駆け引きが行われると考えられる。主導権を発揮したい国々は競って，自国が主導権を発揮しやすい交渉分野を設定し，自国に有利な交渉参加国構成を実現しようとする。この結果，交渉は混沌とした状況が続く。

3.2　第一段階：パラドックスの克服と制度の創設
交渉分野の設定

　交渉分野が「所与」であれば分野設定の駆け引きは生じない。ありうるの

は,「暗黙裡」の分野が安全保障で所与というケースである。危険な世界では軍事的な側面が常に垣間見え,軍事大国の意見が通る。安全保障の分野では,様々な議論は可能であるが,主導権を握る国はかなり自明である。経済秩序が構築される場合でも「影」の交渉分野が安全保障で所与となっている場合がある。例えば,冷戦下で東側諸国はコメコンという経済協力機構を創設したが,それがソビエトにより主導された軍事的な意味合いを持った経済制度であることは自明であった。現代における経済制度構築の交渉においても,軍事的インプリケーションを重視する国は軍事大国の意向に沿おうとするかもしれない。また,軍事大国は経済交渉の「軍事的インプリケーション」をちらつかせることによって他国を従わせようとするかもしれない。

しかしながら,国際経済関係では経済分野で主導権を握る非軍事大国が存在し,軍事大国の顔色をそれほどまでに伺わずに経済制度創設の交渉が行われる場合もあろう。その場合,交渉分野設定の駆け引きが熾烈になる。

交渉参加国の限定

混沌状態を克服するもう一つの方法は,交渉参加国をコントロールすることである。ここで重要なのは,主導権を自国から奪いかねない国を交渉参加国から「排除」することが主導権の維持のために有効な方策となり得ることである。排除の理由として利用できるのは,地域概念である。言い換えるならば,地域を「所与」とし,ライバル国は地域外であるから参加できないというような状況を作り出すことができれば排除が成功する。例えば,中国がアジアのFTAが必要だと各国に認識させることができれば,アジアでない米国を排除し,自国が主導権を発揮できる有利な交渉分野を提唱し,実際に交渉で主導権を発揮することで制度(FTA)を創設するというわけである。

しかしながら,地域が所与であるかは微妙な問題である。アジアを含む地域概念は完全に確立しているとはいえない(例えばアジアは豪州を含むか)。また,地域の一部とされた亜地域が,自分たちこそが地域であると主張し,ルール形成を行っていくことも考えられる(Hook and Kearns 1999)。逆により大きい地理的範囲こそが地域であるとの主張もありえよう(例:「アジア」

ではなく「アジア太平洋」こそが地域であるとの主張）。

交渉の不成立・乱立・漂流

　交渉参加国，交渉分野をめぐる駆け引きが続く場合，次の二つの可能性がある。第一に，「関係国間」で交渉が立ち上がらない可能性がある。第二に，各国が自国にとって望ましい交渉を提案し，交渉が乱立する可能性がある。その結果，乱立した交渉の多くが漂流し，交渉が失敗に終わる（交渉が妥結しない）かもしれない。

3.3　第二段階：制度の拡大

設立交渉中の交渉参加国の拡大ルール

　制度創設のための交渉に参加する国が交渉中に拡大することがある。この場合，既に設立された制度への新規加盟とは異なる。第一の可能性としては，制度自体は依然創設されていないため，参加ルールが定められていないことがありうる。これはルール制定のルールを制定することは困難であるという主張に通じる。この場合，以下で説明する閉鎖的制度への加盟と類似し，既参加国が提示する様々な条件をのんだ上で（既参加国には課されていない条件が含まれる可能性もある），交渉への参加が許可されることもあろう。第二の可能性としては，交渉の初期段階で交渉ルール（交渉参加ルールを含む）を合意するということがありうる。この場合，交渉参加条件を満たしていれば参加が許される（以下の開放的制度に類似；場合によっては半開放的，半閉鎖的制度にもなりうる）。

　もう一つ重要なのは，後から交渉に参加した国が既に合意されたことを覆せるのかという問題である。さらに，後から交渉に参加した国の将来の交渉力を縛るような条件が課される可能性もある。例えば当初より交渉に参加している国には拒否権が認められるが，後から交渉に参加した国には拒否権がない等である。しかしこれらは絶対的な交渉のルールとはいえないかもしれない。たとえ後から交渉した国に拒否権がなくても，交渉全体を纏めるための取引として他の国々がその国の主張に対して配慮するということはありえ

よう。それでもなおこの問題が重要なのは、交渉参加の際に既参加国から新参加国に条件が課されることにより、交渉が完全に対等とは言えない状況で行われるからである。

設立後の加盟国の拡大ルール

制度が構築されたのちに加盟国が拡大する可能性もある。原加盟国をコントロールすることによって自国に有利な分野で制度を創設することは必ずしもライバル国を制度創設後も排除し続けることを意味しない。新規加盟が受け入れられる可能性はある。実際、FTAを含む制度の多くは加盟条項を有する。しかし、単に加盟条項があるといっただけの理由で将来のメンバーシップ拡大を期待するのは早計である。制度はメンバーシップの開放度より、以下のように分類できる（Fon and Parisi 2005; Hamanaka 2012）。

- 開放的制度：予め設定された客観的な基準を満たす国は、参加を申し出れば自動的に加盟が認められる制度。
- 半開放的制度：既加盟国の多数決によって新規加盟が認められる制度[3]。少数国の反対では加盟をブロックできないよう、多数決によって新規加盟を決定する。多数決の結果新規加盟が認められた結果、(1) 協定が新規加盟国と全ての既加盟国の間に等しく適用される場合と、(2) 加盟に反対する既加盟国と新規加盟国の間では協定を発効させない形で加盟を実現させる選択的離脱（opt-out）の場合がある。
- 半閉鎖的制度：既加盟国の全てが合意した場合に新規加盟が認められる制度。FTAの加盟条項の多くは、既加盟国[4]と新規加盟国の間で「合意され

---

[3] アジア太平洋貿易協定（Asia Pacific Trade Agreement, APTA）は加盟について2/3の多数決を採用。APTAは国連アジア太平洋経済社会委員会（ESCAP）主導で1975年に締結された貿易協定。従来、バンコク協定と呼ばれたが、2005年に改称。バングラデシュ、インド、韓国、ラオス、スリランカが原加盟国（しかしながら、ラオスは依然、譲許表を未提出）。中国は2001年に加盟。

[4] 制度が創設された時点では原加盟国のみが既加盟国であるが、メンバーシップが拡大した後は拡大メンバー国が既加盟国となり、さらなる新規加盟国を受け入れる立場となる。

た加盟条件」の下で加盟が認められるとしている例が多い。この場合，既加盟国が事実上の拒否権を有していると解釈できる（半閉鎖的制度）。
・閉鎖的制度：加盟条項のない制度。このシナリオは加盟国の拡大を完全に否定しているわけでない。加盟条項を創設して新規加盟を認める可能性や加盟条項がないまま加盟する可能性がある。しかしながら，加盟の条件が明らかにされていないので，開かれた協定とはいえない。既加盟国により様々な条件が課された上で（既加盟国には課されていない条件が含まれる可能性もある），加盟が許可されることもあろう。

対象分野の拡大・変化

新規加盟では，新規加盟国が既にあるルールの全てを受け入れるのが通常である。しかしながら，新規加盟国が既に存在する分野におけるルールを受け入れることに難色を示すこともありえる。特に新規加盟国が強大な場合，そうなる可能性が高い。既加盟国としては加盟を拒否することもありえるが，ルールの修正・追加を行ってでも新規加盟国を受け入れた方が得策と考えるかもしれない。

新たな交渉分野が追加される場合，二つのシナリオが考えられる。第一に，既にある制度の対象分野を拡大させて，その新規分野でのルール制定を行った上で新規加盟を受け入れるシナリオ。このシナリオでは，制度自体は存続するが，その性質が大きく変わることになる。第二は，既にある制度とは別により広い分野を含む「新たな制度」が一から交渉しなおされるシナリオ。このシナリオでは，古い協定が廃止されることもあるし，存続し続けることもある[5]。

---

[5] 米加 FTA は 1989 年に発効したが，メキシコを加盟させるのではなく，新たに NAFTA が締結された。この際，米加 FTA は解消された。一方，シンガポールとニュージーランドの間の FTA は，ブルネイ，チリを参加させる考えもあったが結局 P4 が新たに締結された。P4 締結後もシンガポール-ニュージーランドの FTA は存続している。

4. FTAAP

FTAAPは，交渉開始前の混沌状況が継続し交渉が噛み合わなかったケースである。特に，熾烈かつ失敗に終わった参加国の限定の駆け引きを分析するケースとして有益である。

最初にFTAAPのアイディアを出したのはカナダのABAC代表であり，2004年のことであった。興味深いことに，2004年時点では，米国政府はFTAAPを支持しなかった。この時点では，中国，日本もFTAAPに慎重な態度をとった。このため同年のAPECサミットではFTAAPに関する検討は採択されなかった。

一方，2005年4月には中国の提案により，米国の含まれないASEAN+3の間のFTAである東アジア自由貿易圏（EAFTA）の民間研究の開始が合意された。これを受け米国は，自国抜きのアジア協力が進む懸念を持ちはじめた。2006年になるとFTAAP支持にスタンスを変化させ，FTAAP交渉の開始に向けて外交工作を行った（Scollay 2007）。しかしながら中国はFTAAP反対の立場を強固なものとした。2006年11月のハノイでのAPEC首脳会議では，中国，日本を含むアジアの多くの国は，貿易自由化よりも，貿易円滑化，キャパシティ・ビルディング，技術協力に注力すべきとのスタンスをとった。同首脳宣言では，FTAAPには「現実的な困難さ practical difficulties」があることを公式に認識するに至った。

米国は2007–2008年になるとFTAAPを直接創設することは諦め，中国抜きの協定をまず創設し，それをAPECワイドのFTAAPに発展させてゆくことに方針を転換した。2008年3月にはP4協定の金融・投資章の交渉に参加したが，その後2008年9月にはP4協定にフルで参加することを決定した（詳細は5.1参照）。これを受け，2008年中に多くの国がP4協定への参加を表明した。そして2010年3月にTPPの交渉が8ヶ国の間で開始された。

2010年11月のAPEC首脳会議（横浜）での宣言は，FTAAPの実現には複数のパスがあるとした。具体的には，FTAAPはASEAN+3，ASEAN+6およ

びTPPといった進行中の地域的取組を基礎としてさらに発展させることにより実現されるべきだとした。この内容は，米国（TPP経由を支持），中国（ASEAN+3経由を支持）に加え，日本（ASEAN+6経由を支持）の思惑にも配慮した宣言だといえる。

2011年11月のAPEC首脳会議でのホノルル宣言「継ぎ目のない地域経済を目指して」において，FTAAPについての言及は地域協力の文脈で一回なされているに過ぎない。一方，APEC首脳会議の機会を捉え，米国主導でTPP首脳会議が開催された。この会議においてTPP首脳宣言およびTPPの概要が公表されている。このことは，米国としては中国が参加するAPECにおけるFTAAPの議論にはあまり関与せずに，自国が主導するTPP交渉にエネルギーを費やしたいという思いが強いことを伺わせる。

2012–2013年は，TPPの交渉が進む一方でRCEP交渉が停滞し，中国が焦りを募らせた時期であった。2012年中にはTPPの交渉参加国が日本，カナダ，メキシコにも広がり，5回の交渉会合が持たれた。一方RCEPは2012年11月に至りようやく交渉立ち上げが宣言された（詳細は6.1参照）。2013年もTPPの交渉は急速に進んだものの，RCEP交渉は停滞気味であった。両交渉の進捗の差は広がるばかりで，結果，客観的に見てTPPがFTAAPになる蓋然性が高まったといえる。

これを受け中国は，2014年5月の中国・青島でのAPEC閣僚会議で，FTAAP実現に向けたロードマップを作成することを提案した。先行するTPP交渉に引っ張られずに，冷静にゼロベースでFTAAPの未来について考えようということである。この提案の隠れた目的はTPPがFTAAPに発展することを阻止することである。同年11月の北京での首脳会議では，中国主導で「アジア太平洋自由貿易圏（FTAAP）実現に向けたAPECの貢献のための北京ロードマップ」が策定された。北京ロードマップではFTAAPの実現に関連する課題にかかる共同の戦略的研究の実施が合意されている。中国としては，必ずしもTPPを母体としないFTAAPを実現させてゆくプロセスの中で主導権をとりたいという思惑がある。最悪でも，TPPとRCEPの両方をFTAAPの礎にし

たいと考えている。2015年5月に共同の戦略的研究のTORが合意された後、2015年8月には共同の戦略的研究のセミナーが中国主催で開催された。

一方米国はTPPをFTAAPに発展させる方針を堅持し続けた。北京でのAPEC首脳会議の場を利用して再度のTPP首脳会議を開催し交渉に大きな進展があったと宣言した。さらにその後米国は、北京で合意されたFTAAPに関する共同研究についても、域内市場の統合はTPPを中心に推進すべしとの考えのもと反対を続け、実質的に白紙に戻すことに成功した[6]。実際、2016年11月に提出された共同の戦略的研究のレポートには、目新しい分析・提言は皆無である（当該レポートにおいてはTPPの説明に10ページが割かれている[7]）。一方で米国はTPP交渉を加速させ、2015年10月に交渉妥結に漕ぎ着けた。

当然ながら中国は自国がTPPに参加することでFTAAPが創設されるという選択肢は避けたかった。トランプ氏が当選したことを受けTPPの設立が困難になったこと、さらにRCEP交渉の現状がかなり困難であることもあり、2016年11月のリマでのAPEC首脳会議において、FTAAPの実現に向けた共同研究を再度APECの議題に入れることに成功した[8]。

5. TPP

5.1 TPPにおける交渉参加国と交渉分野をめぐる駆け引き

TPPの起源ともいえる、シンガポール、ニュージーランド、チリ、ブルネイの4ヶ国による環太平洋戦略的経済パートナーシップ協定TPSEP（いわゆるP4協定）が2006年に発効したが、この時点で棚上げされた金融サービスおよび投資についての交渉が2008年3月に開始された。2008年3月から9月の間に、米国とP4協定参加国は金融・投資を主議題として3回の協議を持った。2008年9月にブッシュ政権は議会に対し、対象範囲を金融および

---

[6] http://japanese.joins.com/article/803/222803.html
[7] 一方、RCEPの説明については4ページにとどまっている。
[8] 同上。リマ宣言付属書A参照。

投資以外の分野にも広げ，P4協定のフルメンバーになるための交渉を開始する旨通告した。この時点で想定されていたのは，P4協定の20.6章を使った米国のP4協定への新規加盟であった。

2008年末までにはオーストラリア，ペルーがP4協定への参加を表明した。その直後にベトナムが参加の意志を示した。2008年12月に発足したオバマ政権はFTA政策の見直し作業を開始したため，P4協定への関わり方についての公式な態度は表明されなかった。したがって，コインの表裏の関係にある，「自国による3ヶ国の参加の承認」と「P4協定参加国による自国の参加の承認」の両方ともが行われなかった。言い換えるなら，2008年末時点では，米国は内部者として他国の参加を承認する立場になかった。

2009年11月にオバマ政権はTPP参加を表明した。翌年2月には，USTR代表のクリークは，議会は既存のP4協定への参加よりも新協定のほうに興味を示すであろうとの見解を公式に示した（James 2010）。同年3月のAmerican Society of International Law（ASIL）の会合では，USTR高官はP4協定への参加でなく新協定締結のための交渉が始まると明言している（Lewis 2011）。したがって，2009年末−2010年初の時点で米国はP4協定への新規加盟でなく，新協定を追求する方針を固めたということになる。興味深いことに，ブッシュ政権時に議会への通告が既になされていたにも関わらず，オバマ政権は，新たな通告を2009年12月に行った。これは，米国が求めるものがP4協定への加盟でなく，新協定の交渉であることを明らかにする効果があったといえる。新たなTPPを創設する交渉は2010年3月のメルボルン会合からスタートした。メルボルン会合に参加した国は米国のほか，P4諸国（シンガポール，ブルネイ，チリ，ニュージーランド），ペルー，豪州，ベトナムで，3ヶ国（ブルネイ，ニュージーランド，ベトナム）を除いて米国とのFTAを有する国である。

2010年7月マレーシアがTPP交渉への参加を表明した。これより先2006年より，米・マレーシア間ではFTAが交渉されていた。2008年に米国がアジア諸国と二国間協定を締結しない方針としたため，マレーシアとのFTA

交渉も頓挫した。しかしながら，米馬交渉は既に米議会に通告されていたため，TPPにマレーシアを加えて交渉をすることについての新たな議会への通告は不要とされた。

　2011年11月のAPEC首脳会議では，日本，カナダ，メキシコがTPP交渉への参加を表明したが参加条件は極めて不利なものであった。第一に，後発交渉参加国には二つの条件が課されたといわれている。まず，既に交渉を進めている9ヶ国が合意したことについてはそのまま受け入れること。それから，3ヶ国の交渉参加後に9ヶ国が何らかの合意をした場合には，それに対して拒否権を持たないことである。第二に，3ヶ国の交渉参加については，米国の承認が必要とされた。米国は様々な要求を参加の条件として提示した。TPP交渉の中で条件を提示するのでなく，TPP交渉への参加の条件の提示である点には注意が必要である。メキシコはTPP交渉参加の条件としてAnti-Counterfeiting Trade Agreement（ACTA，模倣品・海賊版拡散防止条約）への加盟が要求され，加盟の翌日に米国はメキシコのTPP交渉参加を許した。カナダおよび日本にも様々な条件が提示された。重要なのは，3ヶ国の間では，メキシコが最初に参加を許可され，その後カナダ，最後が日本となった。理由は単純で，日本は3ヶ国のなかで最も国力があり，交渉に影響を与える可能性があったからである（Kelsey 2013）。

　中国の高官は上述2011年11月のAPEC首脳会議の場で「TPPに関してはどこからも招待がない」「そうした招待があれば真剣に研究する」と述べている。一方，米国はこの発言に全く取り合わなかった。また，2014年5月のAPECでは，中国はTPPがFTAAPとなることを阻止すべく，TPPとは無関係にFTAAP交渉をゼロから行うことを提案した。米国は中国主導のFTAAPへの態度も冷淡であった（上述の通り，2006年時点では米国がFTAAPを提唱していた）。おそらく国力が増大した中国は，TPP交渉へ参加した場合やFTAAP交渉が立ち上がった場合には，米国ともある程度対等にやりあえると考えていたのであろう。実際米中間では2008年より二国間投資協定交渉がもたれ，中国も同交渉に前向きである。しかしながら米国は中国がTPP

に関与することに対して冷淡な態度を貫いた。

　興味深いことに，2015年10月にTPPの交渉が妥結した直後に，ケリー国務長官は中国が将来のTPPに参加することに期待を表明している（2015年11月）。中国をルール形成の場に入れたくないとの一貫した姿勢を貫いたが，ルールが設定された後は中国をそれに従わせようという思惑があるものと推察される。注目すべきは，このようなコメントが，USTR代表でなく，国務長官によりなされていることである。

　交渉対象分野としては，TPPはP4協定に比して新たな章も多く含まれているが，P4協定の構成に大きな影響を受けている。P4協定に含まれ，通常の米国型FTAに含まれない章も，TPPの章として引き継がれている（一時的な人の移動，協力等）。P4協定はサービスと投資においてネガティブリストを採用している。この点も高水準の自由化を選好する米国にとって都合がよかったといえる。TPPの交渉は，P4協定の流れを汲むことで高い野心を設定することに成功した。TPP諸国が一堂に会してゼロベースで野心のレベルを議論すれば，収集が付かなくなった可能性が高い。しかしながら，TPPの野心の水準はP4協定ほど高くない。要するに米国は，対途上国でTPPの野心を正当化するのにP4協定を使い，他方，TPPの野心をP4協定より下げる際には政治力を使ったといえる。

5.2　TPPの加盟ルール

　TPPへの加盟は30.4条で詳細に手続きが定められている。通常，FTAの加盟条項は英文で100語以下であるが，TPPの場合は500語以上が費やされている。30.4条第1項に定められているように，TPPのメンバーシップはAPECの国・独立関税地域に加え，非APECの国・独立関税地域にも開かれている[9]。加盟申請がなされれば，以下の段階を踏むこととなっている。第

---

[9]　APEC加盟国と非加盟国の加盟手続きはほぼ同一である。第4項（a）の規定により，作業部会の設置は，全ての締約国が合意した場合，あるいはいずれかの同意を示さない締約国が委員会による決定の日から7日以内に書面により反対しない場合，

一に，TPP加盟国の大臣レベルあるいはSOMで構成される委員会が加盟条件を交渉するための作業部会を設置する。第二に，関心を有する全ての加盟国が参加できる作業部会において加盟条件について交渉し，合意に達した場合には委員会に提出する報告書に加盟条件を記載する。第三に，委員会は加盟条件を承認あるいは否認する。

　TPPにおける加盟の制度設計には三つの問題があり，加盟拡大は極めて困難であろう。第一に，全ての既加盟国に拒否権が与えられていることである。委員会による作業部会の設置の決定および作業部会の意思決定の際には，全ての既加盟国が賛成するか，賛成を示さない国から7日以内に書面により反対が示されないことが必要である。全ての既加盟国が新規加盟を拒否できることは，協定の効力発生に対し単独で拒否権を有しているのが日米2ヶ国のみであること（30.5条）に鑑みても，特筆に価する。作業部会が提示する加盟条件案を委員会メンバーが拒否する可能性も否定できない。第二の問題は，拒否権の発動が様々な段階で可能なことである。委員会による作業部会の設置，作業部会の意思決定，委員会による作業部会案の承認のそれぞれの段階で反対が示される可能性がある。加盟候補国は常に更なる譲歩を求められる立場にあり，その交渉力は脆弱なものとなる。第三に，選択的離脱が認められていないため，加盟候補国との間でFTAを締結することに懸念を有する既加盟国は，交渉の行方の不確実性から，拒否権を発動しがちになることが予想される。新規加盟を認めた上で当該国との間でFTAを発効させないという選択肢が既加盟国に与えられていない。

6. RCEP

6.1　RCEPにおける交渉参加国と交渉分野をめぐる駆け引き

　2005年4月に中国はASEAN+3による東アジアFTA（EAFTA）に関する

↗に行われる。しかしながら第3項（a）において，非APECメンバーの際には締約国が合意することが作業部会の設置に必要とされている。したがって，非APECメンバーの場合，「No objection」ルールが利用できない可能性が高い。

民間共同研究を提案した。FTA という名前が示すとおり，中心議題は財貿易の自由化であった。これに対して日本は 2007 年 6 月に ASEAN+6 をメンバーとする東アジア包括的経済連携（Comprehensive Economic Partnership in East Asia: CEPEA）を提案した。Comprehensive Economic Partnership（CEP）という名が示すとおり，財貿易に限定せずサービス，投資，知的所有権等を重要分野とした。日中両国は交渉分野以外にも，参加国の考えも異なった。中国はインド，豪州を排除し，主導権を握ろうとした（Panda 2012）。一方日本は ASEAN+3 では中国の影響力が過大になると考え，オーストラリア，ニュージーランドに加え，中国と対抗するインドも入れようとした。

　ASEAN は，隔たりの大きい日中の考え方のギャップを埋めようと ASEAN+WG の設置を提案した。WG では ASEAN+3 間と ASEAN+6 間の協力の両方を議題とすることができるとした。ROO，関税分類，通関，協力の 4 分野で作業会合が 2010–2011 に開催された。しかしこの ASEAN 提案は日中両者の支持を得られなかった。日本にしてみれば財貿易に関連した 4 分野は中国の選好を反映したように移ったし，中国にしてみれば ASEAN+6 メンバーがいる場で ASEAN+3 間のみの協力を議論するのは困難なので，日本のメンバーシップ選好を反映した提案に写った。

　2011 年 8 月に日中両国は突然 EAFTA，CEPEA の両方を討議できる WG の設置で合意した。中国は TPP 交渉の進捗に焦りを募らせ，米国を含まない枠組みを作ることを優先したものと見られる。中国が唯一こだわったのは米国のプロセスからの排除であった。興味深いことに RCEP は ASEAN+6 メンバーで検討され，11 月 17 日の ASEAN 首脳会議で支持（endorse）され，11 月 19 日の東アジアサミットでは覚えおく（note）に留まった。中国は米国不在の場を利用して RCEP を既成事実化したといえる。米国が含まれる東アジアサミットでいきなり RCEP を議論すれば，議論が紛糾したかもしれない。なお，日本側にも 2011 年にはある程度の妥協をする理由があった。TPP 交渉への参加の支持を米国からなかなか得られない状況下で，RCEP カード・中国カードを米国に見せ付けることは，ある程度効果を有していたと考えられる[10]。

2012年11月には公式に東アジア地域包括的経済連携（Regional Comprehensive Economic Partnership: RCEP）の交渉が始まった。分野としては財貿易に加え，日本が重要視するサービス貿易，投資，経済および技術協力，知的財産，競争，紛争解決が含まれた。参加国もASEAN+6となることが正式に決まった。国力が増した中国は，米国さえ排除できれば，サービス，投資といった分野でも日本を凌駕できると考えた可能性が高い。

RCEP交渉立ち上げ時はRCEPの「交渉ルール」が策定された。「交渉の基本指針および目的」の冒頭では，RCEPはASEANとASEANのFTAパートナー諸国の間のFTAと明言されている。つまり，ASEANとの間にFTAを有さない米国は，非パートナーであり，参加資格がない[11]。また，+6以外のASEANのFTAパートナーが交渉に後から参加することも容易ではない。実際「指針」は以下のように規定する。

> 当初から交渉に参加しなかったASEANのFTAパートナー国は，他の全ての参加国が合意する条件に従い，交渉への参加が許される。

6.2 RCEPの加盟ルール

現時点でRCEPは交渉妥結に至っていないため，RCEPが将来どのような加盟条項を有するのか，現時点では不明である。「指針」はRCEP締結後の加盟ルールについて以下のような方針を確認している。

> RCEP協定には，RCEP交渉に参加しなかったASEANのFTAパートナー国および域外の経済パートナー国がRCEP交渉完了後に参加できるよう，開かれた加盟条項が設けられる。

---

[10] 実際，日中の妥協が行われたのは，日本がTPPへの参加を表明した2ヶ月前であった。興味深いことに，TPP交渉に参加した後，日本のRCEPへの興味は極めて弱くなったように見受けられる。

[11] この方針はもともとASEANが選好したものであったが，中国の思惑にも合致したため強力に支持したことは間違いない。

しかしながら，現在進行中の交渉にASEANのFTAパートナーが参加する際ですら，他の全ての国の同意が求められることに鑑みると，RCEPの新規加盟ルールは同様に半閉鎖的になるものと推察される。

7. 重層的分析

以上の分析では，FTAAP，TPP，RCEPを別々に分析してきた。ここでは三つの交渉を包括的に概観することで，交渉参加国や分野をめぐる駆け引きのパターンを明らかにしたい（図1）。

米中とも，自国主導でFTAAPを創設し，相手国をジュニア・パートナーとして扱うことが最良の選択肢である。米国にとっては米国主導の（サービス，投資，知的財産権を中心とした）FTAAPに中国を参加させること，中国にとっては（財貿易自由化を中心とした）中国主導のFTAAPに米国が参加することが最良である。しかし前者は中国にとって最悪の選択肢で，後者は米国にとって最悪の選択肢である。米国は2006年にFTAAPの創設を狙ったが，中国の反対にあった後，TPPを推進しFTAAPに発展させてゆく方針に変更した。中

図1 FTAAP，TPP，RCEPの重層関係

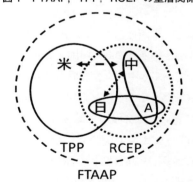

筆者作成
注：米は米国，日は日本，中は中国，AはASEAN。破線のサークルは，対応する破線で示される国間の対立で交渉が漂流していることを示す。

国は当初 FTAAP には反対であったが，TPP が FTAAP に発展するよりは自国主導で FTAAP を創設したほうがましなので，現在は米国が FTA に後ろ向きになったこともあり，自国主導の FTAAP 創設に注力し続けている。しかし，米国が中国主導の FTAAP に興味を示さないのは確実である。つまり FTAAP は米中両方を含むため交渉自体が立ち上がらない可能性が高い。

　当初（2004 年頃）中国は EAFTA の実現に関心を有した。上述のように当時は中国の国力は低く米国に圧倒されかねない FTAAP には反対であった。東アジアで日本を差し置いて主導権をとるために，財貿易を強調した FTA を提案した。一方日本は中国を差し置いて東アジアで主導権をとるため，サービス，投資，知的財産権を強調した CEP を主張し，自国に近い立場の豪州・ニュージーランドを巻き込む作戦をとった。中国が指示した EAFTA と日本が指示した CEPEA は二つのパラドックスの典型例であろう。RCEP においては，交渉参加国の決定に極めて多くの資源が費やされた。特に中国にとっては米国が含まれないような「基準」を設定することが重要であり，最終的には ASEAN と FTA を締結していることが条件とされた。RCEP は米国排除という交渉参加国コントロールに重きを置いたため，交渉参加国が固定的でかつ日中の両方が含まれたため交渉分野設定が極めて困難となった。

　現時点で実際に締結されている地域大の FTA は，ASEAN 中国 FTA である。つまり，中国から見ると，米国を含む FTAAP は困難，日本を含む東アジア協力は困難なので，より小さい協力である中国 ASEAN のみが実現したということである。日本からしてみても中国を含む協力は困難で，日本 ASEAN の枠組みのみが存在する。言い換えるならば，日中両国はお互いを排除した ASEAN のみとの FTA，EPA においては交渉の主導権をとることに成功している。

　ここで興味深いのは，なぜ TPP が合意に至ったのかということである。言い換えれば，FTAAP が米中の駆け引き，RCEP が日中の駆け引きが続き交渉が噛み合わないにも関わらず，TPP は交渉がうまく立ち上がり，交渉分野や参加国の駆け引きがそれ程顕在化せずに合意に至った。第一に，TPP は P4 協定の拡大交渉として始まったため，交渉参加国や分野についてゼロベー

スで交渉・駆け引きを行う必要がなかった。TPPに興味のある国々が集まって交渉の大きな方向性を決定するというよりは，既存のP4協定の延長線上にある交渉という経緯をうまく利用し，TPPの大きな方向性を所与の扱いとすることに成功した。P4協定への参加というスタートであったため，どの国が含まれるべきかといった問題を回避し，P4協定が定めている方向性に賛同する国のみ受け入れることが可能であった。第二に，特に日米が対等な立場で駆け引きを行い収集がつかなくなるのを避けるため，米国は「既交渉参加国」の立場を利用して，日本を含む自国より後に参加表明した国々に対して様々な参加条件を飲ませることで交渉力をそいだ。また，国力のある日本の参加を極めて遅らせることによって交渉における影響力を極小化した。日本よりさらに強力な中国の交渉参加は交渉の漂流につながりかねないので，米国は中国のTPPへの関心を無視し続けた。また，中国が日米共通の影の交渉国（shadow negotiator）であるとの認識を共有することで，日米（特に日本）が交渉の駆け引きに没頭せずに，交渉の早期妥結に協力することができた。

8. 結論

本稿では，FTA創設時における分野設定および交渉参加国の決定に関する駆け引きについて，FTAAP, TPPとRCEPのケースを用いて検証した。本稿では三つのケースを考察したにとどまるが，交渉分野，交渉参加国，主導権を有する国が不明確な混沌とした状況下でのルール形成は極めて困難な作業であり，交渉分野設定，交渉参加国の限定が重要であることは確認できたといえよう。

少なくとも二つのことが結論として言える。第一に，ライバル関係にある2ヶ国が関係する交渉は纏まりにくい。これは交渉が熾烈になるからではなく，交渉が噛み合わないからである。両国が自国に都合のよい交渉をスタートさせることに注力するため，交渉が噛み合わない，あるいは交渉自体が立ち上がらないことが多い。また，自国本位の交渉が乱立するということもあ

りえる。第二に，ライバル国を出し抜いて自国に有利な交渉を纏めるには，何らかのトリックが必要である。TPPの場合は，米国がP4に新規参加するような交渉に「見せかける」ことによって，中国に参加表明させるチャンスを与えなかったことが成功の一因といえる。

　現実的な政策インプリケーションとしては以下のことが言えよう。TPP交渉においては，中国を将来的にTPPで「飼いならす」ことを念頭に日米が協力できたが，仮にその要素がなければ両国間で交渉駆け引きがより熾烈になったものと予想される。したがって，仮に今後日米FTA交渉が始まるとすれば，交渉「前」の駆け引きに多大なエネルギーが割かれると考えられる。特に交渉の様式を通じた間接的な分野の設定は多大な駆け引きを伴うものとなろう。日本は農業を実質的に交渉対象から外す手立てを考えるかもしれない。米国は繊維部門に特別な原産地規制を導入することで同部門を実質的に自由化の例外扱いとすることに成功してきたが，この点についても二国間FTAの交渉分野設定の駆け引きの対象になるかもしれない。参加国構成については，日本は二国間交渉を嫌がり他のアジア諸国をFTA交渉に巻き込むことで対米国の交渉を有利に進めようとするかもしれない（日米豪FTA等）。

参考文献

Ba, A.D. (2006), Who's socializing whom? Complex engagement in Sino-ASEAN relations. *The Pacific Review*, 19(2), 157–179.

Caporaso, J.A. (1992), International relations theory and multilateralism: the search for foundations. *International Organization*, 599–632.

Downs, G.W., D.M. Rocke and P.N. Barsoom (1998), Managing the evolution of multilateralism. *International Organization*, 52(02), 397–419.

Elms, D. and C.L. Lim (2012), "An Overview and Snapshot of the TPP Negotiations," In Lim, C.L., D. Elms and P. Low, eds., *The Trans-Pacific Partnership—A Quest for a Twenty-first Century Trade Agreement*, Cambridge: Cambridge University Press.

Fon, V. and F. Parisi (2005), Formation and Accession to International Treaties. *George Mason University Law and Economics Working Paper Series*. 05-33. Fairfax, US: George Mason University.

Gilligan, M.J. (2004), Is there a broader-deeper trade-off in international multilateral agreements?

International Organization, 58(03), 459–484.

Grunberg, I. (1990), Exploring the "myth" of hegemonic stability. *International Organization*, 44(04), 431–477.

Hamanaka, S. (2012), "Anatomy of South-South FTAs in Asia: Comparisons with Africa, Latin America, and the Pacific Islands", *ADB Working Paper Series on Regional Economic Integration*, No. 102.

Hook, G. and I. Kearns (1999), *Subregionalism and World Order* (Basingstoke: Palgrave).

James, S. (2010), "Is the Trans-Pacific Partnership Worth the Fuss?", *Free Trade Bulletin*, No. 40, pp. 1–3. Washington, DC: Cato Institute.

Kahler, M. (1992), Multilateralism with small and large numbers. *International Organization*, 46(03), 681–708.

Kelley, J.G. (2013), The potential for organizational membership rules to enhance regional cooperation. In Kahler, M. and A. MacIntyre, eds., *Integrating Regions: Asia in Comparative Context*, Stanford University Press.

Kelsey, J. (2013), "New Zealand Won't Want Japan Participating in the TPPA talks", "Scoop" World Independent News. Available at http://www.scoop.co.nz/stories/WO1303/S00114/new-zealand-wont-want-japan-participating-in-the-tppa-talks.htm.

Keohane, R. (1984), *After Hegemony. Cooperation and Discord in the World Political Economy*, Princeton.

Kimura, F., L. Chen, M.A. Iliuteanu, S. Yamamoto and M. Ambashi (2016), TPP, IPR Protection, and Their Implications for Emerging Asian Economies. *ERIA Policy Brief*, No. 2016-02.

Lewis, M.K. (2011), Open accession provision in FTAs: A bridge between regionalism and multilateralism? In Nakagawa, J., ed., *Multilateralism and Regionalism in Global Economic Governance: Trade, Investment and Finance*, Routledge.

Nugent, N. (1992), The Deepening and Widening of the European Community: Recent Evolution, Maas-tricht, and Beyond. *Journal of Common Market Studies*, 3: 311–328.

Oye, K.A. (1985), Explaining cooperation under anarchy: Hypotheses and strategies. *World Politics*, 38(01), 1–24.

Panda, J.P. (2014), Factoring the RCEP and the TPP: China, India and the Politics of Regional Integration. *Strategic Analysis*, 38(1), 49–67.

Petri, A.P and M.G. Plummer (2012), "The Trans-Pacific Partnership and Asia-pacific Integration: Policy Implications", *Peterson Institute for International Economics, Policy Brief*, No. 12-16.

Scollay, R. (2007), A Free Trade Area of the Asia Pacific (FTAAP)? Rationale and Feasibility, Presentation at ISEAS Seminar on 19 March 2007.

Tham, J.-C. and K.D. Ewing (2016), Labour Clauses in the TPP and TTIP: A Comparison Without a Difference? *Melbourne Journal of International Law*, Vol. 17, No. 2.

Summary

Political Economy of FTA Negotiations: How Are Participants and Agenda Decided?

Shintaro Hamanaka (Institute of Developing Economies (IDE-JETRO))

There is an interesting paradox regarding FTA negotiations and leadership. On the one hand, a country that assumes leadership decides, to a certain degree, participants and agenda of negotiations; on the other hand, which country assumes leadership depends on participants and agenda of negotiations. Therefore, at the initial stage of negotiations, it is uncertain (i) which countries participate in negotiations; (ii) what is the negotiation agenda; and (iii) which country assumes leadership. This paper will examine how participants and agenda of FTA negotiations are determined, using three case studies of FTAAP, TPP and RCEP.

◇コメント◇

慶應義塾大学　木村　福成

　貿易政策あるいは国際通商政策は，今や経済学の中の国際貿易論の独占市場ではなく，国際経済法や国際関係論などさまざまな分野から，多様な分析が試みられるトピックとなっている。日本国際経済学会においても，多くの分野の研究者が集い，学際的な議論が深められるとすれば，大変喜ばしいことと考える。ただし，本論文は国際政治経済学あるいは国際関係論の立場から執筆されており，評者はそれらの分野に関しては全くの門外漢である。したがって，以下のコメントは，同じ経済事象，政策論を追ってはいるがあくまでも経済学者の視点からのものとならざるを得ないことを，ご了承願いたい。

　本論文は，ルール形成を目的として多数国間で行われる自由貿易協定（FTAs）交渉において，交渉分野，交渉参加国，主導権を発揮する国が，どのようなルール設定の駆け引きの中で決定され，交渉が進んでいくのかについて，考察したものである。

　「ルール設定の駆け引き」は，初期の混沌状態とそれに続く2つの段階に分けて整理されている。初期の混沌状態では，主導権と交渉分野のパラドックス，主導権と交渉参加国のパラドックスが存在し，複雑な駆け引きが行われる。第1段階では，2つのパラドックスを克服して交渉分野の設定と交渉参加国の限定が行われ，制度が創設される。第2段階では，交渉参加国の拡大，加盟国拡大，交渉分野の拡大・変化が試みられる。以上のような概念枠組みの下でFTAAP，TPP，RCEPの政治過程を再解釈しようというのが，本論文の骨子である。

　FTAAP，TPP，RCEPをめぐる「駆け引き」のレヴューは，一定の切れ味を示している。特に，いかにして交渉参加国が決定されていったか，どのような交渉参加国拡大のルールが定められてきたのかについては，この分析枠組みに沿ってこれまでの経緯を整理し直すことによって，「駆け引き」の構造が明確になる。二国間FTAでも，どの国と交渉するかという問題はある。

しかし，メガFTAになると，国が多数存在する中での交渉参加国の決定というもう1つの要素が加わり，さらに遅れて参加してくる国をどうするかという判断も生じてくる。その意味で，筆者が提案する分析枠組みは，新たな切り口を提供するものと評価できる。

一方，もう少ししっかりとこの分析枠組みの有用性を主張するためには，主導権と交渉分野という2つの概念をより明確に規定し，それらが政治過程の解釈に有効であることを示していかなければならない。

主導権概念を規定する上での1つの問題点は，国を1つの統一された意志を有する主体と考えるアプローチにあるように思われる。これは国際政治学あるいは国際関係論においては標準的なアプローチであり，複雑な国際関係を実証的に解きほぐしていくためには，このような単純化はある意味必要である。しかし，国際通商政策においては，異なる目的関数を有する経済主体が政府に働きかける過程も極めて重要である。また，政府自体も各種経済主体との相互作用の中で変化していくわけで，時系列で同じ目的関数を保持し続けるわけではない。アメリカあるいは中国は，どこまで一貫して整合的に自らの主導権を確立しようと試み，あるいは発揮してきたのか。この点は，普段から国際通商政策を国内問題の反映ととらえる国際貿易論者からすると，やや抵抗を感じる。

交渉分野に関しては，FTAAP，TPP，RCEPの間の違いに焦点を当てて分析を進めるべきなのであろうが，議論が十分に深められていない。これは，本論文の3.1で言及されているように，交渉の分科会あるいは協定文の章立てを追うだけでは実質的に何が交渉されているのかを把握するのが難しいという事情による。しかし，交渉分野と交渉参加国の間の相互作用はこの分析枠組みの重要な構成要素であり，交渉分野をどう把握するかという問題を回避して前に進むことはできない。ここでは交渉過程の詳しい情報は開示されないという難しい壁に当たってしまうわけであるが，交渉内容に踏み込んで交渉分野を実質的に評価し，そのダイナミズムを理解していくことは，この分析枠組みを用いる限り避けられないだろう。

以上のように，この分析枠組みが広く受け入れられていくにはさらに改良を加えていく必要があるように思われる。しかし，一方で，是非ともこの延長上で分析を展開し，複雑な問題を整理してもらいたいと考えるトピックも存在する。

　第1は，メガFTA間の相互作用である。TPPとRCEPの間にはさまざまな相互作用があり，それらの延長線上に位置付けられるFTAAPもそれらの影響を受けている。もう1つ，ASEAN経済共同体（AEC）も，他のメガFTAとの相互作用を有する重要なメガFTAだろう。TPPは当然，EUの動向にも影響を与える。本論文中にもあちこちに断片的な記述があるが，意識的に相互作用を分析枠組みに加えて議論することは有益だろう。特に，メガFTAの場合，インサイダーとアウトサイダーを分ける論理が安全保障や通貨統合の場合とは異なっている点にも，注目したい。

　第2は，メガFTAとプルリ協定との関係を分析することである。メガFTAで国際ルールの原型ができたら，次のステップでは，アジェンダを切り取ってプルリ協定にしていく可能性を探らなければならない。プルリ協定においても，交渉参加国と交渉分野の選択という同様の問題が存在する。共通の分析枠組みでプルリ協定の可能性を探ることができたらすばらしい。

　第3は，トランプノミクスといかに戦うかという重要な問題への応用である。トランプ政権下でアメリカが二国間主義（bilateralism），一国主義（unilateralism）に傾斜していくとすれば，それに対抗するものとしてメガFTAが有用なフォーラムとなりえるのか。単純な米中の枠組みに落とし込むのではなく，多くのプレーヤーがいる中でメガFTAを利用していくことはできないのか。そういった問題を考える上でも，この分析枠組みが有効性を発揮する可能性があるだろう。

共通論題

為替制度の移行における動学的な最適経路：中国，シンガポール，マレーシアの分析

アジア開発銀行研究所・所長／慶應義塾大学名誉教授　吉野　直行 *
IMF 調査局エコノミスト　阿曽沼多聞 **

要旨

　本稿では中国・シンガポール・マレーシアにおける為替制度の最適な移行について議論する。中国は現在，ドルペッグ制を採用しているが，今後，どのような形でバスケットペッグ制または変動相場制といった望ましい為替制度に移行するのが良いか。そして中国が為替制度を徐々に変更していく場合に，シンガポールやマレーシアはどのように為替制度を変更していけばよいか。この二つの問いに答えるために，本稿は小国開放経済を想定し動学的確率的一般均衡モデル（DSGE）を用い厚生関数（損失関数）で評価をする。その中で，現行制度からバスケットペッグ制または変動相場制への移行について複数の移行策を検討する。中国にとっては経済成長（GDP の成長）を安定化させるためにはバスケットペッグ制への漸進的な移行が最適な移行経路となる。シンガポールとマレーシアも徐々に為替制度を移行してバスケット通貨制とすることが，もっとも経済成長を安定化させる結果になることが示された。

キーワード：中国の為替制度，東アジアの為替制度，バスケットペッグ制，変動相場制，為替制度移行

* E-mail: nyoshino@adbi.org (corresponding author)
** E-mail: tasonuma@imf.org

1. はじめに

　中国の為替レートは，固定相場制からクロール型制度（Crawl-like Arrangement）を経てその他の管理制度（Other Managed Arrangement）へと移行し，最近でも，為替レートの変動に見舞われている[1]。まず，中国の為替レートの動きを実証的に推計し，次に，中国の為替レートの最適化の動学モデルを用いて，望ましい通貨バスケットへの移行を説明する。

　従来の論文では，比較静学を用いて，二つの為替制度を比較してどちらの為替制度が望ましいかを分析してきた（Ito, Ogawa and Sasaki 1998, Ogawa and Ito 2000論文参照）[2]。また，為替に関する動学分析では，Dornbush（1976）論文に見られるように，同一為替制度下での，オーバーシューティング現象が動学的に分析されてきた（Yoshino, Kaji and Suzuki 2002）。

　この論文は，既存の為替制度から異なる為替制度（たとえば固定相場制から変動相場制・バスケット通貨制）に，どの程度の時間を伴い，どのような経路を辿って変化させることが望ましいか，動学的確率的一般均衡モデル（DSGE）を用いて損失関数（Loss Function）で評価をして導出する。

　中国では，人民銀行（PBOC）が為替管理をしている。政策議論の中で，何年程度をかけて固定相場制からバスケット通貨制あるいは変動相場制に移行することが中国経済にとって望ましいか，さらに，バスケット通貨制が望ましいとすれば，どのようなウェイトをドルに対して付けることが好ましいかという質問が政策当局から挙げられた。これに対する一つの解答として，Yoshino, Kaji and Asonuma（2014）論文では，4年半程度をかけて，徐々に通貨バスケットのウェイトを変化させていくことが，経済成長（GDPの成長）を安定化させるためには，もっとも望ましいことを示しているが，本論文で

---

[1] IMF（2016）参照
[2] 東アジアの為替制度に関しては上記の論文に加えてKawai（2004），Shioji（2006a, 2006b），McKibbin and Lee（2004），Adams and Semblat（2004），Yoshino, Kaji and Asonuma（2004, 2015）を参照されたい。

は，その内容について説明したい[3]。

つぎに，中国が為替制度を徐々に変更していった場合に，周辺の東南アジア諸国（シンガポールやマレーシア等）からは，どのように為替制度を自分たちの国で変化させれば，経済の予期せぬ変動を抑えられるかという質問が出された。Yoshino, Kaji and Asonuma（2016b）論文を用いて，中国の周辺諸国も，徐々に為替制度をバスケット通貨制とすることが，もっとも経済成長を安定化させるというDSGEモデルによる結果を報告したい。

2. 中国の為替レート「元」の米ドルに対するウェイトの変化

中国の為替レートの動きがどのように変化してきたかを，実証的に分析すると，表1に示されるように，2003–05年は米ドルに対する元のウェイトは0.999と固定相場制（＝1）であった。2005–08年は，元のドルに対するウェイトは0.842へと低下し，2010–12年ではさらに0.819へとウェイトが低下している。計量分析の詳細は，Yoshino（2012）を参照されたい。

3. 動学モデル分析

本章のモデル分析は，中国（自国）・日本（外国）・米国（外国）の3か国を想定する（図1）。中国と日本，米国と中国の間は資本移動が規制されて

表1　米ドルのバスケットウェイトの推定値

	期間1	期間2	期間3	期間4
標本期間	2003/5/7– 2005/7/22	2005/7/25– 2008/6/30	2008/7/1– 2010/5/28	2010/6/1– 2012/6/12
推定された米ドルの バスケットウェイト	0.999** (0.001)	0.842** (0.036)	0.918** (0.017)	0.819** (0.039)

備考：筆者の分析に基づく。
注：** 5％有意水準で有意を示す。括弧内の数値は標準誤差を表す。

---

[3] タイにおける為替制度の動学的分析はYoshino, Kaji and Asonuma（2016a）を参照されたい。

いるが，日米の間は完全な資本移動と現実を踏まえたモデルとする。

　まず，中国と米国間では資本移動が規制されており，金利平価式は（1）式で表される。λは資本移動規制の度合いを示している。資本移動規制が完全に取り除かれた場合（λ=1）は，（1′）式で表される。ここでは，為替変動の不確実性を考慮して，為替変動リスクを含めた金利平価とする。為替レートのリスクプレミアムの存在を，（1′）式の括弧内の最後の変数として加えている。

$$i_{t+1} - i_t = \lambda \left[i_t - \left\{ i_t^* + e_{t+1}^{R/\$} - e_t^{R/\$} - \sigma\left(e_t^{R/\$}\right) \right\} \right] \tag{1}$$

$$i_{t+1} = i_t - \left\{ i_t^* + e_{t+1}^{R/\$} - e_t^{R/\$} - \sigma\left(e_t^{R/\$}\right) \right\} \tag{1′}$$

　貨幣市場は，左辺が対数をとった貨幣供給，右辺の貨幣需要は，単純に利子率とGDP（GDPギャップ）に依存して変化すると仮定する。

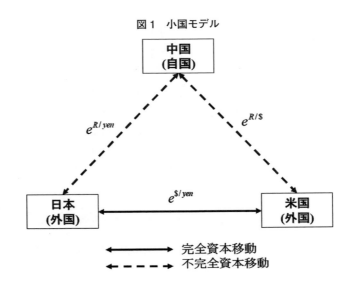

図1　小国モデル

$$m_t - p_t = \varepsilon i_{t+1} + \varphi(y_t - \overline{y}) \tag{2}$$

日中米の間では，3つの為替レート間には，中国元を日本円に直接交換しても，中国元を一度米ドルに変換し，さらにその米ドルを日本円に変換しても同じであるから，以下の（3）式が成立する。

$$e_t^{R/yen} = e_t^{R/\$} + e_t^{\$/yen} \tag{3}$$

総需要（4）は，輸出入があるため，実質為替レート，期待為替レート，投資を決める実質利子率，為替レートのリスクプレミアムによって影響を受けるとする。

$$\begin{aligned}y_t - \overline{y} = & \delta\left(e_t^{\frac{R}{\$}} + p^* - p_t\right) + \delta' e_{t+1}^{\frac{R}{\$},e} + \theta\left(e_t^{\frac{R}{yen}} + p^{yen} - p_t\right) + \theta' e_{t+1}^{\frac{R}{yen},e} \\ & - \rho\left\{i_{t+1} - \left(p_{t+1}^e - p_t^e\right)\right\} - \tau \Delta e^{R/\$} - \varsigma \Delta e^{R/yen}\end{aligned} \tag{4}$$

総供給（5）は，GDPギャップ，インフレ期待に加えて，原材料・中間財の輸入も生産には影響を与えることから，実質為替レート，期待為替レート，為替レートのリスクプレミアムが含まれている。

$$\begin{aligned}p_{t+1} - p_t = & -\alpha_t + \psi(y_t - \overline{y}) + \eta\left(e_t^{R/\$} + p^* - p_t\right) + \eta' e_{t+1}^{R/\$,e} \\ & + \mu\left(e_t^{R/yen} + p^{yen} - p_t\right) + \mu' e_{t+1}^{R/yen,e} + \left(p_{t+1}^e - p_t^e\right) + \chi \Delta e^{R/\$} + \xi \Delta e^{R/yen}\end{aligned} \tag{5}$$

ここで用いられたモデルで使われている変数は表2で説明される[4]。

---

[4] 変数の中でも，$\alpha_t, \overline{y}, p^{US}, p^{JP}, e_t^{\$/yen}, \Delta e^{R/S}$ と $e^{R/yen}$ はいかなる為替制度の下でも，共通して外生変数である。なお，$e_t^{\$/yen}, p_{t+1}^e, p_t^e, e^{R/\$,e}, e^{R/yen,e}$ を除いて，全ての外生変数は今後の分析において一定（= 0）であるとする。また，係数は全て正値をとる。

表2 モデル式に用いられている変数の説明

m	マネーサプライ（ストック）
p	自国の物価水準
p^e	自国の期待物価水準
p^*	米国の物価水準
p^{yen}	日本の物価水準
i	自国金利
i^{US}	米国金利
y	GDP
$\bar{y}$	潜在的GDP
$e^{R/\$}$	元・米ドル為替レート
$e^{R/yen}$	元・円為替レート
$e^{\$/yen}$	米ドル・円為替レート
υ	通貨バスケット内の米ドルレートへのバスケットウェイト
α	全要素生産性

注：金利を除くすべての変数は自然対数で定義される。

4. 5つの政策の比較

4.1 固定相場制（かつ資本移動規制）を維持する政策

　中国が元の固定相場制を維持する場合において，金融政策は利子率を操作しながら「元のドルに対するレートを固定する政策」を採用するので，マネーサプライは内生変数となる。(1) 式－(5) 式のモデルを用いて，GDPとインフレの長期均衡からの乖離を求めると以下のようになる。

$$\left(y_t - \bar{y}'_A\right) = A_1(t)\hat{e}_t^{\$/yen} + A_2(t)\Delta\hat{e}^{R/yen} + A_3(t)i_{t+1} \tag{6}$$

$$\left(p_t - \bar{p}'_A\right) = A_1^p(t)\hat{e}_t^{\$/yen} + A_2^p(t)\Delta\hat{e}^{R/yen} + A_3^p(t)i_{t+1} \tag{6a}$$

　GDPとインフレの長期均衡からの乖離が，円・米ドル為替レート，元・円為替レートのリスクプレミアム，金融政策手段である自国金利で表される。

4.2 固定相場制から最適なバスケット通貨制に徐々に移行する場合

$$ve_t^{R/\$} + (1-v)e_t^{R/yen} = \Gamma \tag{7}$$

バスケット通貨制とは，各々の政策目標に応じて，元・米ドル為替レートに対するウェイト（v），元・日本円為替レートに対するウェイト（$1-v$）を変更させて，政策目標関数を最適にさせる制度である。静学モデルによる分析は，Yoshino, Kaji and Suzuki（2004）でなされているが，従来の研究では貿易ウェイトが最適値として理解されていた。しかし，Yoshino, Kaji and Suzuki (2004) では政策の目標関数を，GDPの安定とするのか，為替の安定を目的とするのか等によって，最適なバスケットのウェイトが異なることが導出されている[5]。

ここでは，政策目標を動学的な目標とし，長期の動きを求めながら，ウェイトを徐々に変更させる政策を導出する。(1)–(5)式から，以下の3つの式，GDP，インフレ，自国金利の長期均衡からの乖離を示した式を導出する。

$$\left(y_t - \overline{y}'_B\right) = B_1(t)v\hat{e}_t^{\$/yen} + B_2(t)\hat{e}_t^{\$/yen} + B_3(t)\hat{z}_t \tag{8}$$

$$\left(p_t - \overline{p}'_B\right) = B_1^p(t)v\hat{e}_t^{\$/yen} + B_2^p(t)\hat{e}_t^{\$/yen} + B_3^p(t)\hat{z}_t \tag{8a}$$

$$\left(i_t - \overline{i}'_B\right) = -(1-v)\left[(1+\sigma)(1-b_4)\right](1-\lambda)^t \hat{e}_t^{\$/yen} \tag{8b}$$

4.3 固定相場制からバスケット制度に即時に移行する場合

固定相場制から，バスケット制度に即時に移行する（最適なバスケットウェイト v を即時に導入する，かつ資本移動規制を即時に取り除く）場合には，(1)–(5)式から，以下の2つの式，GDPとインフレの長期均衡からの乖離を示した式を導出することができる。

---

[5] Yoshino, Kaji and Suzuki（2004）を参照されたい。

図2 中国の為替制度移行に関する5つの政策比較

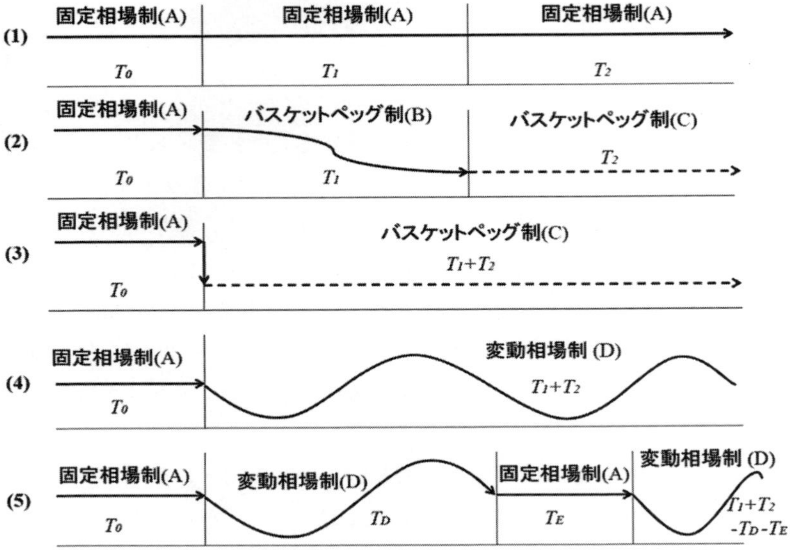

(1) 固定相場制(A) | 固定相場制(A) | 固定相場制(A)
 T_0 | T_1 | T_2

(2) 固定相場制(A) | バスケットペッグ制(B) | バスケットペッグ制(C)
 T_0 | T_1 | T_2

(3) 固定相場制(A) | バスケットペッグ制(C)
 T_0 | T_1+T_2

(4) 固定相場制(A) | 変動相場制(D)
 T_0 | T_1+T_2

(5) 固定相場制(A) | 変動相場制(D) | 固定相場制(A) | 変動相場制(D)
 T_0 | T_D | T_E | $T_1+T_2-T_D-T_E$

備考:筆者の分析に基づく。

$$(y_t - \overline{y}'_C) = C_1(t)v\hat{e}_t^{\$/yen} + C_2(t)\hat{e}_t^{\$/yen} + C_3(t)\hat{z}_t \tag{9}$$

$$(p_t - \overline{p}'_C) = C_1^p(t)v\hat{e}_t^{\$/yen} + C_2^p(t)\hat{e}_t^{\$/yen} + C_3^p(t)\hat{z}_t \tag{9a}$$

4.4 固定相場制から変動相場制に即時に移行する場合

　固定相場制から即時に変動相場制に移行する(最適なマネーサプライを即時に導入する,かつ資本移動規制を即時に取り除く)場合には,マネーサプライを政策手段として用いることができるため,(1)-(5)式から,GDPとインフレの長期均衡からの乖離を示した式を導出することができる。マネーサプライを政策手段として用いることができるため外生変数として(10),(10a)式に含まれている。

$$(y_t - \overline{y}'_D) = D_1(t)\hat{e}_t^{\$/yen} + D_2(t)\hat{z}_t + D_3(t)m_t \tag{10}$$

$$(p_t - \overline{p}'_D) = D_1^p(t)\hat{e}_t^{\$/yen} + D_2^p(t)\hat{z}_t + D_3^p(t)m_t \tag{10a}$$

4.5 固定相場制から管理された変動相場制（Managed Float）に即時に移行する場合

このケースは，4.1節の固定相場制と4.4節の変動相場制を組み合わせる場合である。

5. 為替制度移行に関する5つの政策の比較（メリットとデメリット）

為替制度の移行を踏まえた5つの政策を比較したのが図2である。ここで夫々の政策の便益と損失（メリットとデメリット）について説明する。

(1) 固定相場制（資本移動規制）を維持する政策

メリットは為替レートが一定で変動しないため，貿易輸入や輸出に依存している企業にとっては，生産計画を立て安いし，資金の運用においても，為替変動リスクにさらされないため，運用がしやすいことが挙げられる。デメリットとしては，金融政策の独立性を保つためには，資本移動規制をしなければならず，資本の自由な動きがないために，国内投資が進まないリスクがある。

(2) 固定相場制から最適なバスケット通貨制に徐々に移動する場合

メリットとしては，利子率や為替レートの変動が小さいために，企業の設備計画も立てやすいし，資本移動規制も徐々に取り除かれるので，大きなショックが起きにくい。その反面，デメリットとしては，最適なバスケットウェイトを達成するまでに時間がかかり，調整コストが大きくなってしまう。

(3) 固定相場制からバスケット制度に即時に移行する場合

メリットは，すぐに通貨バスケットのウェイトを最適な値に移行させる（かつ資本移動規制を即時に取り除く）ため，徐々に行う場合と比べて調整コストはかからない。しかし，デメリットは，即時の移行に伴って金利・為

替レートなどの変動が大きくなることである。

(4) 固定相場制から変動相場制に移行する場合

　固定相場制から変動相場制にすぐに移行する（かつ資本移動規制を即時に取り除く）ため，調整コストはかからないことと，経済構造が安定的である限り，経済の安定化を短期間で達成することができる。しかし，デメリットとしては，即時の移行に伴って金利・為替レートなどの変動が大きくなることである。

(5) 管理された変動相場制

　管理された変動相場制（Managed Floating）のもとで為替レートがある変動幅の中で動いている場合は，市場で決められる為替レートのままにする。一方，ショックなどの発生により為替レートが大きく変動する場合は，為替介入をして為替レートの変動を抑えることになる。実質的には (1) と (4) を組み合わせた政策である。メリットは，為替の大幅な変動を抑えることができ，変動相場に即時に移行でき，調整コストがかからない。他方では，介入する際には金融政策の独自性が失われてしまうというデメリットを伴う政策である。

　表3は，上述の5つの政策のデメリットを推計したものである。表3を見ると，

(i)　固定相場制（政策 (1)）と介入を伴う変動相場制（政策 (5)）では，金融政策の独立性が保てないために，最後の列（推定値）で示されるデメリットは大きくなる。

(ii)　変動相場制に即時に移行する（政策 (4)）も，為替変動が急に大きくなるため，デメリットは大きい。

(iii)　徐々に最適なバスケット通貨制度に移行する（政策 (2)）ケースと，為替バスケット通貨制度に即時に移行する（政策 (3)）ケースは，デメリットの大きさが他の政策と比べると小さいことが分かる。

表3　各々の移行策における損失の推定値

移行策	損失	推定値
(1) 固定相場制の維持	a. 資本流入が限定される。	0.033 [1]
(2) バスケットペッグ制への漸進的移行	a. 長期的に望ましい制度に到達するまで時間がかかる。	0.003 [2]
	b. 調整コストがかかる。	0.0066 [3]
(3) バスケットペッグ制への即時的移行	a. i のボラティリティが大きい。	0.0028 [4]
	b. $e^{R/\$}$ と $e^{R/yen}$ のボラティリティが大きい。	0.0030 [5]
(4) 変動相場制への即時的移行	a. i のボラティリティが大きい。	0.0034 [4]
	b. $e^{R/\$}$ と $e^{R/yen}$ のボラティリティが大きい。	0.034 [5]
	c. $e^{R/\$,e}$ と $e^{R/yen,e}$ のボラティリティが大きい。	0.0013 [6]
(5) 管理変動相場制への即時的移行	a. i のボラティリティが大きい。	0.0034 [4]
	b. 介入時に金融政策の自律性が失われる。	0.023 [7]

備考：筆者の分析に基づく。

注：[1] 9四半期（初期とその後の2年）にわたる累積損失によって代用している。[2] 推定値は移行期間の14四半期と新制度移行後の18四半期の累積損失の差である。[3] 推定値は λ が基準値のケースと λ が基準値からの20%乖離した際のケースの累積損失の差である。[4] 推定値は $e^{\$/yen}$ のショック，ここでは 0.001 単位の乖離によって金利が上昇したことによる累積損失の変化である。[5] 推定値は $e^{\$/yen}$ のショック，ここでは 0.001 単位の乖離による累積損失の変化である。[6] 推定値は $e^{\$/yen,e}$ のショック，ここでは，0.001 単位の乖離による累積損失の変化である。[7] 推定値は為替介入期間における累積損失の割合である。

6. GDPの安定を目標とした場合の5つの為替政策の比較

　この節では，中国のデータを用いて，モデルに基づいた定量分析を行う。移行経路の累積損失は中国について推定したパラメーターの値に基づいて定量化する[6]。その際に，本論文では，GDPの安定を政策目標とするケースを分析する[7]。その理由は，中国経済では，経済成長率がもっとも重視される経済指標であるからである。

---

[6] Yoshino, Kaji and Asonuma（2014）を参照されたい。
[7] インフレの安定化目標の場合の5つの政策の比較は補足を参照されたい。

表4 累積損失と政策変数の最適値

移行先の新制度	移行策（1） 固定相場制	移行策（2） バスケット ペッグ制	移行策（3） バスケット ペッグ制	移行策（4） 変動相場制	移行策（5） $(T_E=5)^{/2}$ 管理変動 相場制
調整過程	—	漸進的	急激	急激	急激
政策変数の最適値	$i^*=4.34$	$v^*=0.58$	$v^{**}=0.68$	$m^*=0.016$	$m^{**}=0.017$
累積損失	17.04	1.80	1.91	2.67	2.31
累積損失 （% of $\bar{y}^2$）$^{/1}$	23.4	2.4	2.6	3.7	3.2

備考：筆者の分析に基づく。
注：$^{/1}$ 4節にあるように $\bar{y}^2$ を計算して，その結果，$\bar{y}^2=0.91$ という値を得た。$^{/2}$ $T_E=7$ の場合には，累積損失は 0.050（$m^{**}=0.015$）である。

$$L(T_1,T_2) = \sum_{t=1}^{T_0+T_1+T_2} \beta^{t-1}(y_t-\bar{y})^2 \tag{11}$$

経済モデルは，3節の構造モデル体系を用いて，(11) 式の損失関数（＝厚生関数）をもっとも小さくする政策が，どの政策であるかを，定量的に示したのが，表4である。下から二行目と一番下の行に，累積損失の値が求められている。この値がもっとも小さい政策は，望ましい政策である。表4の第2列からは，徐々に通貨バスケットを最適なウェイトに持って行く政策（移行策（2））が，経済成長を安定化させるためには，もっとも望ましい政策であると導出される。また，その政策下では，人民元のドルに対するウェイトは，0.58（表4の二行目）となることも示されている。

7. 中国の為替政策へのシンガポール・マレーシアの対応

7.1 中国・マレーシア・シンガポールの為替レートの変動

図3は，中国"元"，マレーシア"リンギット"，シンガポール"ドル"の対米ドルの為替レートの動きを図示したものである。2005年以降，マレーシア・シンガポールの通貨の動きが，中国"元"と同じような動きをするようになっている。この背景には，マレーシアやシンガポールなどの東南アジ

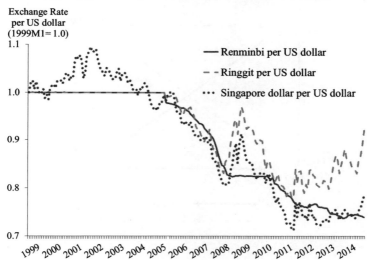

図3　中国・マレーシア・シンガポールの為替レートの変動

備考：IMF International Financial Statistics.

ア諸国と中国との間の貿易取引が，増加しているためで，中国"元"の動きから大きく乖離してしまうと，東南アジアの国にとっては，経常収支の大幅な変動を招いてしまう恐れがあるからと考えられる。

そこで，第3節–第6節で説明したように"人民元"が，徐々にバスケット通貨制のウェイトを最適なウェイトとなるまで，ゆっくり時間をかけて移行するとした場合に，マレーシアやシンガポールは，どのような為替政策を採用することが望ましいかを以下では，分析する。

ここでは，小国モデル（マレーシアとシンガポールが自国，日本・米国・中国が外国）を想定する（図4）。(i) マレーシア・日本・米国・中国，(ii) シンガポール・日本・米国・中国という二つの場合を考える。

7.2　マレーシアとシンガポールの小国モデル

理論モデルは，通常の小国モデルを拡張したもので，理論モデルの詳細は，

図4 マレーシアあるいはシンガポールの小国モデル

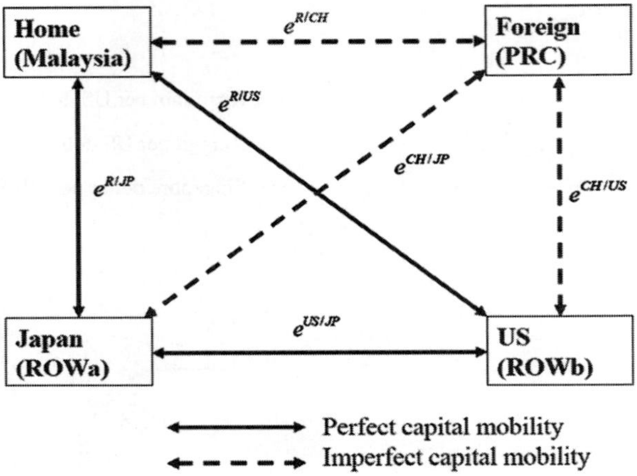

[Home (Malaysia) — $e^{R/CH}$ — Foreign (PRC)]
[Home (Malaysia) — $e^{R/US}$ — US]
[Home (Malaysia) — $e^{R/JP}$ — Japan]
[Japan — $e^{CH/JP}$ — Foreign (PRC)]
[Foreign (PRC) — $e^{CH/US}$ — US]
[Japan (ROWa) — $e^{US/JP}$ — US (ROWb)]

⟷ Perfect capital mobility
⇠⇢ Imperfect capital mobility

備考：筆者の描写に基づく。

Yoshino, Kaji, Asonuma（2016b）を参照されたい。①総供給，②総需要，③貨幣市場の均衡式，④と⑤は，自国金利と外国金利の金利平価式（ただし，リスクプレミアムを含む式），以上から構成される。

① 総供給

$$\pi_t^C = \frac{\beta}{1+\kappa} E_t \pi_{t+1}^C + \frac{\lambda_H \kappa}{1+\kappa}\{\alpha \hat{w}_t + (1-\alpha')\hat{q}_t\}$$

$$- \sum_{i \in \{CH, JP, US\}} \frac{\lambda_i}{1+\kappa} \left\{ \begin{array}{l} \beta\left(E_t \hat{\bar{e}}_{t+1}^{\overline{R}{i}} - \hat{\bar{e}}_t^{\overline{R}{i}}\right) \\ + (1+\kappa)\left(\hat{\bar{e}}_t^{\overline{R}{i}} - \hat{\bar{e}}_{t-1}^{\overline{R}{i}}\right) \end{array} \right\}$$

(12)

② 総需要

$$x_t = E_t x_{t+1} - \left\{1 - (1-\omega_H)\alpha' + \frac{1}{\eta}\right\}(E_t \hat{w}_{t+1} - \hat{w}_t)$$
$$+ \left\{1 - \omega_H - \frac{\omega_H}{\lambda_H} + \frac{1}{\eta}\right\} E_t \pi_{t+1}^C + \frac{1}{\eta}(i_t - E_t \pi_{t+1}^C - r_t^o)$$
$$+ (1-\omega_H)(1-\alpha')(E_t \hat{q}_{t+1} - \hat{q}_t) + \sum_{i \in \{CH,JP,US\}} \left\{\left(\omega_i + \frac{\omega_H \lambda_i}{\lambda_H}\right)\left(E_t \hat{e}_{t+1}^{R/i} - \hat{e}_t^{R/i}\right)\right\} \quad (13)$$

③ 貨幣市場

$$m_t - m_t^o = \frac{\sigma}{b\omega_H} x_t + \frac{\sigma(1-\omega_H)}{b\omega_H}\{\alpha'\hat{w}_t + (1-\alpha')\hat{q}_t\}$$
$$- \frac{\sigma}{b}\left[\frac{1-2\omega_H}{\omega_H} + \theta\left(\frac{\lambda_H - 1}{\lambda_H}\right)\right]\pi_t^C$$
$$- \sum_{i \in \{CH,JP,US\}} \left\{\left(\lambda_i + \frac{\omega_i}{\omega_H}\right)\theta \hat{e}_t^{R/i}\right\} - \left(\frac{1}{b}\right)(i_t - i_t^o) \quad (14)$$

④と⑤．金利平価式

$$i_t - E_t \pi_{t+1}^C - r_t^o = \hat{r}_t^i + E_t \hat{e}_{t+1}^{R/i} - \hat{e}_t^{R/i} \quad \text{for} \quad i = JP, US \quad (15)$$

$$i_t - E_t \pi_{t+1}^C - r_t^o = \hat{r}_t^{CH} + E_t \hat{e}_{t+1}^{R/CH} - \hat{e}_t^{R/CH} + E_t \hat{\psi}_{t+1} \quad (16)$$

⑥厚生関数（＝損失関数）

$$L_1 = E_t \sum_{i=0}^{T_0+T_1+T_2} \beta^i \left[\varpi_1 \left(\pi_{t+i}^C\right)^2 + \varpi_2 \left(x_{t+i}\right)^2 + (1-\varpi_1-\varpi_2)\left(\hat{e}_{t+i}^{REER}\right)^2\right] \quad (17)$$

どの政策がもっとも望ましいかを求めるために，(i) インフレ，(ii) GDP，(iii) 実質実行為替レートの安定の3つの政策目標を，この節では考慮する。

図5 マレーシアの為替制度移行に関する5つの政策比較

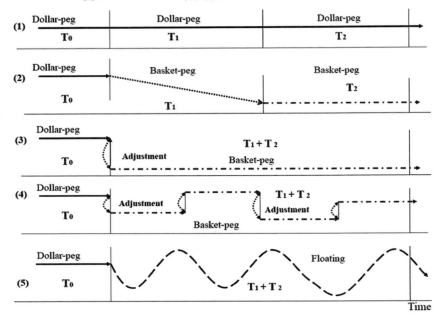

備考：筆者の描写に基づく。

7.3 マレーシアとシンガポールの5つの政策の比較

図5は，マレーシアの5つの政策を示したものである。
（1）米ドル固定相場制
（2）米ドル固定相場制から徐々にバスケット通貨制に移行
（3）米ドル固定相場制から即時にバスケット通貨制度に移行
（4）米ドル固定相場制から即時にバスケット通貨制に移行するがバスケット通貨のウェイトは時々で調整
（5）米ドル固定相場制から即時に変動相場制に移行

次に，図6は，シンガポールの5つの政策を示している。
（1）現状のバスケット通貨制をそのまま維持

図6 シンガポールの為替制度移行に関する5つの政策比較

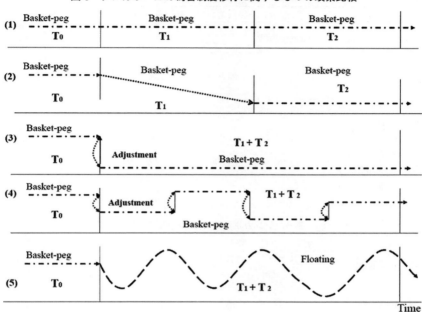

備考：筆者の描写に基づく。

(2) バスケット通貨のウェイトを徐々に最適ウェイトに移行
(3) バスケット通貨のウェイトを即時に最適ウェイトに移行
(4) バスケット通貨のウェイトを即時に最適ウェイトに移行が時々調整
(5) 現状のバスケット通貨制から即時に変動相場制に移行

以上のマレーシアとシンガポールの5つの政策について，DSGEモデルを用いて，損失関数の値を比較したのが，表5と表6である。まず，マレーシアについて5つの政策の累積損失が，表5の下から二行目に示されている。中国が徐々に人民元・米ドル為替レートのウェイトを変更するバスケット通貨制を導入した場合に，移行策（2）が，累積損失がもっとも小さいことを示しており，マレーシアにとっては徐々にバスケット通貨制度に移行し，対米

47

表5 マレーシアの5つの政策の比較

	移行策（1）	移行策（2）	移行策（3）	移行策（4）	移行策（5）
移行先の新制度	固定相場制	バスケット ペッグ制	バスケット ペッグ制	バスケット ペッグ制	管理変動 相場制
調整過程	—	漸進的	急激	急激・ 不連続な (Discrete)	急激
バスケットウェイト の最適値	1.00	0.62	0.56	—	—
累積損失	1.550E-2	1.157E-2	1.226E-2	1.435E-2	1.229E-2
累積損失（移行策（1） に対する比率）	1.00	0.75	0.79	0.93	0.79

備考：筆者の分析に基づく。

表6 シンガポールの5つの政策の比較

	移行策（1）[/1]	移行策（2）	移行策（3）	移行策（4）	移行策（5）
移行先の新制度	バスケット ペッグ制	バスケット ペッグ制	バスケット ペッグ制	バスケット ペッグ制	管理変動 相場制
調整過程	—	漸進的	急激	急激・ 不連続な (Discrete)	急激
バスケットウェイト の最適値	0.80	0.61	0.44	—	—
累積損失	4.668E-2	4.648E-2	4.938E-2	4.955E-2	4.874E-1
累積損失（移行策（1） に対する比率）	1.00	0.996	1.058	1.062	10.44

備考：筆者の分析に基づく。
注：[/1] 初期のバスケット通貨制度におけるバスケットウェイトは0.8と仮定する。

ドルのバスケットウェイトは0.62とすることが望ましいという結果となった。

　表6は，シンガポールの5つの政策を比較したものである。表6の下から二行目が損失関数の値であり，移行策（2）が，もっとも小さな損失値となっている。表6の最後の行は，固定相場制と比較した損失の値の比率を示しているが，ここでも，中国が徐々に最適な通貨バスケット制に移行したとすれ

ば，シンガポールも徐々に最適な通貨バスケットに移行すること（移行策(2)）が望ましいという結果（0.996）となっている。

8. おわりに

最後に，本論文は，中国がどのような為替制度に移行することが，厚生関数（損失関数）で評価すると望ましいかを導出し，それに伴い，東南アジアのマレーシアやシンガポールがどのように対応したらよいかを，DSGEモデルを用いて検証した。いずれの国でも，徐々にバスケット通貨のウェイトを変更させて，最適なバスケットウェイトの値に移行させることが望ましいという結論が得られた。その理由は，徐々に最適値に移行させることで，為替レートの大きな変動や自国金利の変動を弱められるからである。2016年からの中国は，ここで分析したモデルに加えて，3節の（1'）式の，（中国の成長率の鈍化等の要因による）中国のリスクプレミアムの増大が見られ，中国からアメリカ等の海外への資本移動が活発化している。ここでは，中国のリスクプレミアムは不変として分析してきたが，今後のモデルにおいては，このリスクプレミアムの変化や，米国の金利の上昇が，どのように中国の為替政策に影響するかを調べる予定である。

参考文献

Adams, C. and R. Semblat (2004), Options for Currency Arrangements and Their Policy Implications, In de Brouwer, G. and M. Kawai, eds. *Exchange Rate Regimes in East Asia*. Oxford, UK: Routledge Curzon, 417–432.

Dornbush, R. (1976), Expectations and Exchange Rate Dynamics, *Journal of Political Economy*, 84(6): 1161–1176.

International Monetary Fund (IMF) (2016), *Annual Report on Exchange Arrangements and Exchange Restrictions*, Washington, October 2016.

Ito, T., E. Ogawa and Y. N. Sasaki (1998), How Did the Dollar Peg Fail in Asia? *Journal of the Japanese and International Economies*, 12(4): 256–304.

Kawai, M. (2004), The Case for a Tri-Polar Currency Basket System for Emerging East Asia, In de Brouwer, G. and M. Kawai, eds. *Exchange Rate Regimes in East Asia*. Routledge Curzon, 360–384.

McKibbin, W. and H. G. Lee (2004), Which Exchange Regime for East Asia? In de Brouwer, G. and M. Kawai, eds. *Exchange Rate Regimes in East Asia*. Routledge Curzon, 385–416.

Ogawa, E. and T. Ito (2002), On the Desirability of Regional Basket Currency Arrangement, *Journal of the Japanese and International Economies*, 16(3): 317–334.

Shioji, T. (2006a), Invoicing Currency and the Optimal Basket Peg for East Asia: Analyzing Using A New Open Macroeconomic Model, *Journal of the Japanese and International Economies*, 20(4): 569–589.

Shioji, T. (2006b), Chinese Exchange Rate Regimes and the Optimal Basket Weights for the Rest of East Asia, RIETI Discussion Paper Series 06-E-024.

Yoshino, N. (2012), Views on Japan's Medium-term Current Account Balance, Cabinet Office, ESPR-2012-01, Tokyo.

Yoshino, N., S. Kaji and T. Asonuma (2004), Optimal Exchange Rate System in Two Countries with the Rest of the World, *Keio Economic Studies*, 41(2): 25–75.

Yoshino, N., S. Kaji and T. Asonuma (2012), Choices of Optimal Monetary Policy Instrument under the Floating and the Basket-Peg Regimes, *The Singapore Economic Review*, 57(4): 1250024-1–1250024-31.

Yoshino, N., S. Kaji and T. Asonuma (2014), Dynamic Transition of Exchange Rate Regime in China, *China and World Economy*, 22(3): 36–55.

Yoshino, N., S. Kaji and T. Asonuma (2015), Dynamic Analysis of the Exchange Rate Regime: Policy Implications for Emerging Countries in East Asia, *Review of Development Economics*, 19(3): 624–637.

Yoshino, N., S. Kaji and T. Asonuma (2016a), Dynamic Effects of Changes in the Exchange Rate System, *Asian Development Review*, 33(1): 111–161.

Yoshino, N., S. Kaji and T. Asonuma (2016b), Exchange Rate Regime Switching in Malaysia and Singapore in Response to China's Move to a Basket Peg: A DSGE Analysis, *Journal of Asian Economics*, 46(C): 17–37.

Yoshino, N., S. Kaji and A. Suzuki (2002), A Comparative Analysis of Exchange Rate Regimes, In Ho, L. S. and C. W. Yuen, eds. *Exchange Rate Regime and Macroeconomic Stability*, Kluwer Academic Publishers, 107–131.

Yoshino, N., S. Kaji and A. Suzuki (2004), The Basket Peg, Dollar-Peg and Floating — A Comparative Analysis, *Journal of the Japanese and International Economies*, 18(2): 183–217.

補足：インフレの安定化目標の場合の5つの政策の比較

中国の政策目標では，経済成長が最も重要であるが，もし，物価水準の安定を政策目標とした場合には，本文の5つの政策は，どのような損失値とな

るかを参考までに示したい。

$$L^P(T_1, T_2) = \sum_{t=1}^{T_0+T_1+T_2} \beta^{t-1}(p_t - \bar{p}')^2 \tag{A1}$$

物価水準の安定化を考慮する場合には,変動相場制への移行が最も累積損失を小さくする。政策当局はマネーサプライの調節によって,効果的に物価水準の変動を最小化することができる。バスケット通貨制への漸進的な移行はこの時も2番目に最適な策となる。変動相場制への急な移行と,バスケット通貨制への漸進的な移行について,その累積損失を比較すると,その差は大きくはない。管理変動相場制への移行は累積損失が非常に大きく,望ましくない。これが明らかに示すことは,為替レートの変動が大きいとき,物価水準に与える影響を最小化するには固定相場制は非効率であるという点である。GDPの変動の安定化を検討した場合と同様に,現行の固定相場制を維持することは政策当局が持つ選択肢のうちで最も大きな累積損失を生み出す。長期において現行制度の維持に望ましくない。

補足表1　累積損失と政策変数の最適値

	移行策(1)	移行策(2)	移行策(3)	移行策(4)	移行策(5) ($T_E=5$)[2]
移行先の新制度	固定相場制	バスケットペッグ制	バスケットペッグ制	変動相場制	管理変動相場制
調整過程	—	漸進的	急激	急激	急激
政策変数の最適値	$i^* = 1.14$	$v^* = 0.65$	$v^{**} = 0.78$	$m^* = 0.11$	$m^{**} = 0.01$
累積損失	0.30	0.020	0.021	0.013	0.033
累積損失 (% of $\bar{p}^2$)[1]	33.0	2.2	2.3	1.4	3.3

Source：筆者の分析に基づく。
Note：[1] 4節にあるように $\bar{p}^2$ を計算して,その結果, $\bar{p}^2 = 0.91$ という値を得た。[2] $T_E = 7$ の場合には,累積損失は 0.050 ($m^{**} = 0.015$) である。

Summary

Optimal Dynamic Path during the Transition of Exchange Rate Regime: Analysis of the People's Republic of China, Malaysia, and Singapore

Naoyuki Yoshino (ADBI)
Tamon Asonuma (IMF)

This paper explores the optimal exchange rate regime transition policy for the People's Republic of China (PRC), Malaysia, and Singapore. Based on a small, open-economy, dynamic stochastic general equilibrium model applied to these three countries, we define transition policies from the current regimes to either a basket peg or a floating regime. The quantitative analysis using Chinese, Malaysian, and Singaporean data shows that the PRC would be better off shifting gradually from a dollar peg to a basket peg. In response to the PRC's shift, both Malaysia and Singapore would opt to shift gradually to a basket-peg regime.

◇コメント◇

京都大学　岩本　武和

　本論文は，中国とその周辺国（本論文ではマレーシアとシンガポール）の望ましい為替レート制度と資本移動の自由化の程度について，以下の2つの問題を，DSGEモデルを用いて解明したものである。

　第一に，2005年7月に管理変動相場制に変化した中国の為替制度について，通貨バスケットにどのようなウェイトを付けるべきか，またそうしたウェイト付けをされたバスケット通貨制への移行はどれくらいの期間をかけて移行すべきか，という問いである（Yoshino, et al., 2014）。

　これについて，①資本規制の下でのドルペッグ制の維持，②資本規制の下でのドルペッグ制から資本自由化の下でのバスケットペッグ制への過渡期を設けた緩やかな移行，③ドルペッグ制からバスケットペッグ制への過渡期を設けないでの急激な移行，④ドルペッグ制から変動相場制へ過渡期を設けないでの急激な移行，⑤ドルペッグ制から管理フロート制へ過渡期を設けないでの急激な移行の5つの政策オプションを，GDP，物価，為替レートのボラティリティが小さいほど累積損失が小さくなる損失関数を用いて，その望ましさを推計した結果，②の政策オプションが最も望ましいとの結論を得ている。具体的には，4年半程度をかけて，徐々に通貨バスケットのウェイトを変化させていく（米ドルのウェイトを徐々に小さくしていく）べきという結論である。

　第二は，中国の為替制度がバスケット通貨制へ移行した場合，周辺の東南アジア諸国（マレーシアとシンガポール）は，どのような為替制度を採用すべきか，という問いである（Yoshino, et al., 2016）。これについても，同様の5つの政策オプションのうち，過渡期を設けた緩やかなバスケットペッグ，緩やかな資本規制の撤廃，および米ドルのウェイトの低下が望ましいとの結論を得ている。すなわち，中国の周辺諸国も，中国の為替制度に合わせて，徐々にバスケット通貨制を採用することが，もっとも経済を安定化させると

いう結論を得ている。

　ところで，プログラム委員会から伝えられた本報告のテーマは，「アジアの為替市場の変動とインフラ開発金融」であったため，為替制度とインフラ開発金融について，中国を中心としてコメントとしたい。

　第一に，1ドル＝8.28元で事実上固定されていた人民元は，2005年7月に通貨バスケットを参考に調整する管理変動相場制に移行してから，リーマンショック前までには1ドル＝6.83元まで切り上がり，リーマンショックを契機に2010年5月まで，この水準で事実上再固定されていたが，その後はさらに1ドル＝6.23元まで切り上がった。しかし，2015年8月11日に人民元の対米ドルでの基準値を切り下げ，その後も元安で推移している。

　また，リーマンショック以前の2008年までは，経常収支と金融収支がともに黒字という「双順差」構造であったが，金融危機後は，同じ双順差と言っても，経常収支黒字が縮小し，金融収支の大幅な流入超によって，外貨準備は著しく増加した。しかし，2014年の第2四半期以降，経常収支黒字幅のさらなる縮減に加え，資本収支の流出超という「一順一逆」構造に大きく転換し，ついに外貨準備の減少に転じるに至った。

　すなわち，景気回復のための元安が資本流出を招き，それに対応するためには金融を引き締めざるを得ず，当初の景気回復策を打ち消してしまうという意味で，中国は現在，典型的なトリレンマに直面していると言える。そのため，中国の通貨当局は当面の間，対米ドルでの基準値の元安誘導と資本流出規制を継続せざるを得ないであろう。これが吉野論文の「過渡期を設けた緩やかなバスケットペッグと緩やかな資本規制の撤廃」の現実の姿ではないであろうか。

　第二は，2015年に設立されたアジアインフラ投資銀行（AIIB），および2013年頃から中国政府が打ち出している「一帯一路」構想と，上記の論点（中国が現在直面しているトリレンマ）との関係である。「一帯一路」構想は，中央アジアからヨーロッパへ繋がる「陸のシルクロード」と，東南アジアから中東を経て北アフリカへ繋がる「海のシルクロード」におけるインフラ建

設を通じて，経済・外交ルートを拡大する戦略であるが，中国の過剰な生産能力の輸出先（捌け口）を確保するという側面もある。AIIBは，こうした一帯一路におけるインフラ建設のための資金調達という役割を担っている。

さて，1966年に設立され，それ以降ずっと日本が主導し，主として貧困削減を目的としてきたアジア開発銀行（ADB）は，AIIBと今後どのような補完関係を構築していくのであろうか。また，AIIBの最大の原資は，これまで蓄積されてきた中国の外貨準備であるが，上記のように，現在は減少傾向に転じている。これまで中国が外貨準備を蓄積してきたのは，「黒字⇒ドルペッグの維持⇒通貨当局のドル買い」という為替制度があったからである。しかし，吉野論文が指摘するように，たとえ緩やかであれ，ドルペッグから移行するのであれば，黒字は外貨準備の蓄積に直結せず，元高で調整されることになろう。その場合，中国の外貨準備を原資とするAIIBを，長期的に持続可能な国際援助機関とするためには，他の加盟国からの出資金や，自らの債券発行による資金調達も視野に入るのではないであろうか。

引用文献

Yoshino, N., S. Kaji and T. Asonuma (2014), Dynamic Transition of Exchange Rate Regime in China, *China and World Economy*, 22(3): 36–55.

Yoshino, N., S. Kaji and T. Asonuma (2016), Exchange Rate Regime and Management in Malaysia and Singapore in Response to China's Move to a Basket Peg: A DSGE Analysis, *Journal of Asian Economics*, 46: 17–37.

共通論題

ドーハ・ラウンド交渉の変遷とWTOの将来＊

慶應義塾大学経済学部特任教授　深作喜一郎＊＊

要旨

　世界貿易機関（WTO）は，ドーハ・ラウンドを通じて貿易円滑化協定の発効や農業交渉の一部妥結等に部分的な成果を上げてきたが，貿易交渉のフォーラムとしてさらなる信頼回復に努めなければならない。そのためには，環境物品やサービス貿易分野での複数国間交渉の合意を目指すと共に，持続可能な開発の推進，国境を越えたサプライ・チェーンの拡大やデジタル経済の急速な進展といったグローバル・イシューの分野でも具体的な成果を出す必要がある。

キーワード：ドーハ・ラウンド，WTO改革，多角的貿易交渉，複数国間貿易交渉，MFNクラブ

1. はじめに

　世界貿易機関（WTO）は，「契約上の義務」を伴う多角的貿易協定の法制度的基盤を担うユニークな国際経済機関である[1]。それは，WTOが他の国

＊ 本稿は，日本国際経済学会第75回全国大会共通論題セッションに提出した論文の改訂版である。報告論文の討論者であった小浜裕久氏（静岡県立大学名誉教授），セッションに出席された方々，並びに，本誌責任編集者の方から貴重なコメントを頂いた。ここに記して，感謝したい。

＊＊ E-mail: fukasakukiichiro@gmail.com

際経済機関とは異なる機能—すなわち，WTO のもとで合意された多角的貿易協定は全ての加盟国に対して強制力を有し，その実施と運用は加盟国間の追加的交渉と紛争解決制度を通じて担保される機能—を持つからである。しかも 1995 年の設立に際して WTO に与えられた権限は，それまでの GATT 体制に比べてより広範で強固なものとなった。ウルグアイ・ラウンドの終わりになって締約国団が WTO の設立に動いた背景には，21 世紀を間近にひかえ各国経済の統合がさらに急速に進展していくと予見されたなかで，戦後の西側民主主義諸国の成長と発展を国際貿易関係の側面から支えてきた GATT 体制も何らかの変革を必要とするという認識があったからだと考えられる [2]。しかし，WTO 体制がどのような方向に向かうべきかに関して共通認識があったわけではない。それは，後節で論じるように，2001 年 11 月の第 4 回閣僚会議において開始が宣言されたドーハ・ラウンドの変遷を見れば明らかである。

WTO は，2015 年設立 20 周年を迎えた（WTO 2015a）。この間 WTO は中国・ロシアを始め新規加盟国・地域を大幅に増やし，真にグローバルな国際機関となった。2016 年末現在 164 に及ぶ WTO 加盟国・地域のうち，ほぼ 4 分の 3 は開発途上国であり，発展段階も貿易関心事項も大きく異なる。このような加盟国数の増大とその多様性は，WTO の合意原則に基づく意思決定方式とドーハ開発アジェンダ（DDA）の一括受諾方式に基づくドーハ・ラウンド交渉にとって大きな負担となった。これまで 15 年に及ぶドーハ・ラウン

---

[1] Blackhurst（1998, p. 32）は，加盟国が「契約上の義務」を負うという意味で，WTO は他の国際機関のような「最大努力を促す組織」（"best endeavors" organization）とは異なると指摘した。例えば，国際通貨基金（IMF）は，借入金の受入れを伴わない限り，加盟国に対して IMF の勧告を施行することはできない。また，サザランド報告書（Sutherland 他 2004: 79）は，「WTO は国連の一部ではなく，唯一独自の国際機関（a *sui generis* international organization）である」と指摘した。

[2] WTO 設立のプロセスに関しては，例えば，Irwin（2015: Chapter 7），Ostry（2007）や中川（2013: 31–35）を参照。米国は，ITO 交渉が失敗した経験から WTO 協定の成立と WTO の設立に向けて強力な政治的指導力を発揮した（Odell and Eichengreen 1998）。

ドは，難産の末に交渉開始が宣言され，途中の膠着・中断を経てから再開・合意に向けて動き出し，さらに交渉の枠組を変更する荒療治を経て，部分合意に至るという幾度の瀕死状態を乗り越えてきた。他方，ドーハ・ラウンドの長期にわたる膠着状態は，主要先進諸国や一部新興経済諸国を広域FTAの交渉に向かわせ，加盟国間貿易交渉のフォーラムとしてのWTOは弱体化した。2013年のバリとその2年後のナイロビでの閣僚会議における部分合意の成果は，WTOの貿易交渉機能の低下を食い止めることにはなったが，残されたドーハ・イシューをどのように終結させるかについて回答があるわけではない[3]。

　本稿は，これまで15年に及ぶドーハ・ラウンドのいくつかの節目の交渉とその成果，並びにラウンドの枠外で行われてきた複数国間貿易交渉の成果と最近の進展を振り返り，国際機関としてのWTOの将来を展望する。次節では，まずWTOが持つ5つの任務を確認し，WTOにおける多角的貿易交渉の方式とその問題点を論じる。3節では，ドーハ閣僚宣言で採択された作業計画―ドーハ開発アジェンダ（DDA）―の内容とラウンドの内と外で進められたWTO交渉の特質を論じ，その中でDDA交渉が行き詰まり，ラウンドが漂流した要因を指摘する。次に，2011年12月の第8回閣僚会議において認められたラウンドの交渉方式の変化に注目し，その後の第9回と第10回の閣僚会議で達成された部分合意の成果と意義を論じる。さらに，ラウンドの枠外で進められた複数国間貿易交渉の成果並びに最近の進展を述べる。この間DDAで強調された「開発のための貿易」というテーマは，2030年に向けた国際開発アジェンダである「持続可能な開発目標」（SDGs）の中に組み込まれ，WTOはSDGsに貢献する専門機関としての役割が強調されることになった。しかし，WTOが本来担うべき「貿易自由化交渉のペダルを踏

---

[3] WTO事務局長（DG）であるロベルト・アゼヴェドは，2016年6月のスピーチの中で，「残されたドーハ・イシューの交渉を進める必要性については合意があっても，どのように達成させうるかはわからない」と述べた（Azevêdo 2016: https://www.wto.org/english/news_e/spra_e/spra126_e.htm）。

み続ける」というGATT以来の任務を果たすことが難しければ，SDGsへの貢献はおろか，多極化する世界貿易体制におけるWTOの地位は相対的に低下していくことになるであろう。最近主要なWTO加盟国において通商政策の内向き志向が強まるなか[4]，貿易交渉のフォーラムとしての信頼回復に努め，公正なルールに基づく開かれた世界貿易体制を維持・発展させることこそWTOの最も重要な役割である。同時に，WTOは，国境を越えたサプライ・チェーンの拡大や急速に進展する経済のデジタル化といった世界経済の大きな構造変化に対応して，新しいルールの策定に踏み込んでいく必要がある。4節では，このような観点からWTO改革の方向性を論じ，最後に5節で結語を述べる。

2. WTOの機能と多角的貿易交渉の方式

123に及ぶGATT締約国団は，1994年4月15日にマラケシュにおいてウルグアイ・ラウンド最終議定書とWTO設立協定（通称，マラケシュ協定）に署名し，翌年1月1日に国際機関としてのWTOが誕生した[5]。WTOの設立を定めたマラケシュ協定（英文版）は，前文と本文16条に4つの付属書リストを加えたわずか11ページの簡潔なものである。そこでは，WTOの権限が及ぶ範囲・任務・構成・他の国際機関との関係・事務局の内容・予算と分担金・意思決定の方法・協定の改正・加盟・脱退手続き等を規定している。

---

[4] G20サミット諸国における最近の保護主義的貿易措置の増加傾向に関しては，OECD-UNCTAD-WTOによるG20サミットへの共同報告書（2016年6月21日）を参照：http://unctad.org/en/PublicationsLibrary/unctad_oecd2016d15_summary_en.pdf

[5] 1948年1月に発効した「関税と貿易に関する一般協定」（GATT）は，戦後の主権国家間の国際貿易を国際経済法制の立場から一貫して支えてきたが，IMFや世界銀行（以下，世銀）と異なり，GATT事務局は一人前の国際機関と呼べるものではなかった。他方，WTOは，マラケシュ協定VIII条1項において法人格を有することが認められた。なお，私事になるが，筆者が1983年4月にGATT事務局に奉職したとき，GATTは国際協定であっても法人格がないため，雇用契約書に記載された雇用主名は，「国際貿易機関のための暫定委員会」（Interim Commission for the International Trade Organization）であった。

2.1 WTOの5つの任務

マラケシュ協定は，そのIII条1-5項においてWTOの5つの任務を定めている（表1）。

WTOの第1の任務は，マラケシュ協定に収められた多角的貿易協定（付属書1）の実施・運用を円滑にし，さらに複数国間貿易協定（付属書4）の実施・運用のための枠組を提供することである[6]。

第2に，WTOは，これらの付属書に記されたWTO協定に関して加盟国間交渉のフォーラムを提供する。WTOは，原則2年に1回開かれる閣僚会議

表1　WTO協定の概要

包括的協定	WTO設立協定（通称，マラケシュ協定）		
	物品	サービス	知的財産[c]
基本原則	GATT1994	GATS	TRIPS
追加的及び修正項目	追加的な13の協定[a]	5つの付属書[b]	協定修正のための議定書[d]
市場アクセス・コミットメント	加盟国の自由化表	加盟国の自由化表（及びMFN例外措置）	
複数国間協定[e]	政府調達に関する協定		
	民間航空機貿易に関する協定		
紛争解決	紛争解決に係る規則及び手続に関する了解（DSU）		
透明性	貿易政策検討制度（TPRM）		

a. 物品の貿易に関する追加的な13の協定とは，(1) 農業 (2) 衛生と植物防疫のための措置 (3) 繊維・衣服 (4) 貿易の技術的障害 (5) 貿易関連の投資措置 (6) 反ダンピング措置 (7) 関税評価 (8) 出荷前検査 (9) 原産地規則 (10) 輸入許可 (11) 補助金・相殺関税 (12) 緊急輸入制限（セーフガード）(13) 貿易円滑化である。なお，貿易円滑化協定は2013年12月に交渉が妥結し，マラケシュ協定の付属書1Aに挿入する議定書は2014年11月に一般理事会で採択され，全加盟国の2/3の批准をもって2017年2月22日に発効。
b. サービス貿易に関する5つの付属書とは，(1) 自然人の移動 (2) 航空輸送 (3) 金融 (4) 海運 (5) 電気通信である。
c. 知的財産とは，(1) 著作権 (2) 商標 (3) 地理的表示 (4) 工業デザイン（意匠）(5) 特許 (6) 集積回路の配置設計 (7) 企業秘密を含む未公開情報の7タイプを含む。
d. 公衆衛生に関するTRIPS協定を修正するための議定書（2005年12月の第6回閣僚会議において妥結）は，全加盟国の2/3の批准をもって2017年1月23日に発効。
e. 東京ラウンド・コードとして締結された4つの複数国間協定うち国際酪農品協定と国際牛肉協定は，共に1997年末に終了した。

出典：WTO（2011, 23–24ページの図）及びWTOウエブサイト（2017年2月22日にアクセス）に基づき筆者作成。

の決定に従い，多角的貿易協定に関する加盟国間の追加的な交渉のためのフォーラム，並びにこうした交渉の結果を実施するための枠組を提供する。ただし，農業とサービスの分野では，農業協定（AoA 20条）とサービス貿易に関する一般協定（GATS XIX条）に基づき，ウルグアイ・ラウンドの成果からビルト・インされた新しい農業・サービス貿易交渉がそれぞれドーハ・ラウンドの交渉開始以前から実施されていた（詳しくは次節を参照）。

WTOの第3の任務は，マラケシュ協定付属書2の「紛争解決に係る規則及び手続に関する了解」——通称，「紛争解決了解」（DSU）——を運用することである。これによって，WTOは一般理事会のもとに紛争解決機関，パネル，常設の上級委員会を設け，紛争処理手続きの迅速性と実効性が高まった。特に，紛争解決機関によるパネル設置の是非，パネル報告書や上級委員会報告書の採択にはネガティブ・コンセンサス方式が採用され，全ての関係国が反対しないかぎり紛争解決の手続きを自動的に進められるようになった[7]。

さらに第4の任務として，WTOはマラケシュ協定付属書3にある貿易政策検討制度を運用することが定められた。この制度自体は，すでに1989年にウルグアイ・ラウンドの中間レビューのなかでGATT体制の中に導入されていたが，今回一般理事会のもとに貿易政策検討機関を設け，その機能と運用が明文化された。こうして一般理事会は，物品・サービス・知的財産に関する多角的貿易協定の実施・運用を管轄する三つの専門理事会に加え，紛争解決機関としてあるいは貿易政策検討機関としての理事会を定期的に開催することになった[8]。

---

[6] 付属書1は，物品の貿易に関する多角的協定（1994年のGATTと追加的な13の協定）・サービス貿易に関する一般協定（GATSと5つの付属書）・知的所有権の貿易関連の側面に関する協定（TRIPSと協定修正のための議定書）から成る。他方，付属書4の複数国間貿易協定は，民間航空機貿易に関する協定・政府調達に関する協定・国際酪農品協定（1997年末に終了）・国際牛肉協定（1997年末に終了）から成る。なお，本稿では，multilateral trade agreementsを多角的貿易協定，plurilateral trade agreementsを複数国間貿易協定と呼ぶことにする。

[7] WTOの紛争解決制度に関しては，例えば小林他（2016），松下他（2009），Hoekman and Kostecki（2009），WTO（2011）を参照。

最後にWTOの第5の任務として，グローバルな経済政策の策定がより整合的になるように，適宜IMFや世銀と協力することが明記された。この規定に基づき，WTOとIMF・世銀間の協力に関する正式な合意書が1996年11月に交わされた（WT/L/195）。この合意書は，GATT事務局時代から続いていたスタッフ・レベルでの意見交換や研究協力等の非公式な協力関係をフォーマライズしたものである。さらに，WTOの閣僚会議・一般理事会や委員会（但し，予算委員会と紛争解決機関・パネルを除く）にIMFや世銀スタッフのオブザーバー参加を求めることと，貿易政策に係るIMFや世銀の執行理事会の会議にWTOスタッフのオブザーバー参加を求めることも合意された[9]。現在，IMFや世銀スタッフによるWTO閣僚会議・一般理事会や専門委員会へのオブザーバー参加は広範囲にわたっている[10]。これは，WTOの予算額やスタッフ数がその任務の大きさに比べて少ないために，IMF・世銀並びに他の国際機関との協力を必要とするからである[11]。例えば，WTOと世銀・アジア開発銀行・経済協力開発機構（OECD）・国連貿易開発会議（UNCTAD）との協力関係は，10年に及ぶ「貿易のための援助」の実施において大きな進展を遂げてきた[12]。

[8]　一般理事会の構成については，マラケシュ協定IV条2–5項を参照。
[9]　但し，WTOスタッフのIMFや世銀の執行理事会へのオブザーバー参加は極めて限られていた（例えば，Nogués 1998を参照）。
[10]　IMF・世銀の他には，OECD，UNCTAD，UN及びその他多くの専門経済機関や地域貿易機構がオブザーバー資格を得ている。詳しくは，WTOウエブサイトにある「オブザーバー資格」の項を参照：https://www.wto.org/english/thewto_e/igo_obs_e.htm
[11]　WTOの年次報告書（2016）によれば，2015年の年間予算総額は約1億9千万米ドル（紛争解決上級委員会の予算7.2百万ドルを含む），スタッフ総数は647名（同21名を含む）である。ただし，WTOの予算はスイスフラン建てなので，ここでは2015年の年平均為替レートで米ドル換算した。Jackson（2006：表4.1）によれば，2005年のWTOの予算額は1億3千万米ドル，スタッフ数は630名であった。WTOの年間予算額とスタッフ数は，共に世銀の約7％，IMFの15％と23％であった。WTOとIMF・世銀グループ並びにその他の国際経済機関との年間予算や人員の比較に関しては，Blackhurst（1998），Henderson（1998）及びJackson（2006）を参照。
[12]　例えば，「貿易のための援助」の第5次グローバル・レビュー（WT/COMTD/AF/W/58）を参照：https://www.wto.org/english/tratop_e/devel_e/a4t_e/aid4trade_e.htm

このようにWTOは、その権限の及ぶ範囲においてもその任務の重要性の観点からもGATT事務局の時代とは大いに異なる国際機関となった。しかし、WTOのもとで進められたドーハ・ラウンドは、当初の予想をはるかに超えたマラソン交渉となってしまい、「残されたドーハ・イシューを終結させる」という視点に立てば、4節で詳述するように、まだそのゴールさえも設定されていない。「なぜドーハ・ラウンドは漂流したのか」についての詳しい議論は次節に回し、以下では多角的貿易交渉の方式とその問題点を整理してみたい。

2.2 多角的貿易交渉の方式とその問題点

WTOにおける多角的貿易交渉は、ウルグアイ・ラウンドの経験から判断して交渉の開始から終結まで次の4段階を経ると考えられる。

（1）ラウンドのアジェンダ設定と交渉の開始に合意
（2）ラウンドの交渉枠組に合意
（3）ラウンドで用いるモダリティ（関税引下げ方式等）に合意
（4）ラウンドを終結させるための議定書に合意（交渉の最終成果を議定書として採択）

WTO加盟国は、交渉の各段階を通過する際に閣僚会議や一般理事会を開いて交渉を進める（あるいは終結させる）決定を行うわけである。このWTOの交渉機能に影響を及ぼす要因として次の3つの要素が指摘されている。

・加盟国による主体的運営（member-driven）
・合意原則（consensus principle）
・一括受諾方式（single undertaking）

第1の要素は、WTOは加盟国が主体的に運営する機関だということである[13]。すなわち、閣僚会議や一般理事会ばかりでなく、ラウンドの貿易交渉委員会の下部機関、一般理事会のもとに置かれたテーマ別の委員会や作業部

---

[13] WTOのメンバーは、「国」並びに、独立した通関行政を実施している「地域」からなるが、ここでは複雑化を避けるために「加盟国」で統一する。

会は，加盟各国から選出された議長（主に，ジュネーブ常駐大使等）を中心に運営される[14]。事務局長や事務局スタッフは，交渉を円滑に進めるために必要な事務的・技術的サービスを提供するのであって決定権はなく，独立性と中立性が求められる。もちろん事務局長は貿易交渉委員会の議長として交渉全体をまとめていく役割が期待されるが，交渉を進めるか否かは加盟国の総意による。

ラウンドの進行に影響を及ぼす第2の要素は，合意原則である。マラケシュ協定IX条1項において，WTO は合意原則によって意思決定を行う GATT 以来の慣行を継続することを定めている[15]。マラケシュ協定には，IX条（意思決定）ばかりでなく，VII条（予算と分担金），X条（協定の改正），XII条（加盟）においてもそれぞれ意思決定に関する詳細な規定があり，単純多数決から，3分の2多数決，4分の3多数決，合意（consensus），全会一致（unanimity）による決定を要求する場合までいくつもの規定がある[16]。

加盟国の直接投票による意思決定では，各加盟国は「1国1票」を持つが，実際に投票されるケースは稀である[17]。これは，「契約上の義務」を伴う多角的貿易協定の性格によるものであり，WTO の正当性や包摂性（inclusiveness）

---

[14] WTO ウエブサイトによれば，2015年末現在43に及ぶ理事会・委員会・下部委員会・作業部会等が設置され，各議長は貿易交渉委員会と若干の例外（日本・英国・カナダ）を除き，すべて G7 サミットメンバー国以外の加盟国から選出されている：https://www.wto.org/english/thewto_e/secre_e/current_chairs_e.htm

[15] 合意原則による意思決定が可能でなく，他の条項にその規定がない場合は，「1国1票」による単純多数決によって閣僚会議や一般理事会の決定がなされる。但し，マラケシュ協定付属書1に収められた多角的貿易協定の解釈に関する場合やウエーバー（多角的貿易協定によって課せられた義務の放棄）に関する場合は，全加盟国の4分の3の合意が求められる。

[16] 「合意」とは，会議における意思決定に際してある加盟国から提案された事案に対して反対意見が出されないことを意味する。他方，「全会一致」とは，全加盟国による正式の許諾を必要とする。「全会一致」を要するケースは，マラケシュ協定のX条2項に規定されている。

[17] ウエーバーと WTO への加盟に関しては，郵送による投票が行われる。WTO の意思決定における投票の役割に関しては，例えば Blackhurst (1998) を参照。

を担保している。もし仮にある有力な加盟国の意思に反してWTOの決定がなされた場合，その加盟国は一方的措置や2国間や地域間の協定締結に向かうかもしれない。他方，後発途上国（LDCs）の貿易利益がWTO交渉の中に反映されないようなアジェンダ設定がなされた場合にも，やはりWTOの正当性や包摂性が問われることになる。例えば，後者に関していえば，ドーハ・ラウンドにおける綿花交渉（Cotton-4）のケースがこれに相当する。言うまでもなく，実際の貿易交渉は，G4（米・EU・インド・ブラジル）やG5（G4プラス日本），G6（G5プラス豪州）あるいは中国を含む主要途上国グループによる非公式会合（貿易大臣レベルや大使レベル）によって実質的な決着を図ることが多いが，それでも最終的には閣僚会議や一般理事会での合意を遵守することが求められる。

　ラウンドを進める鍵となる第3の要素は，一括受諾方式である。これは，ウルグアイ・ラウンドの成功体験に基づき，ドーハ閣僚宣言のパラ47に規定されている。しかし同時に，ドーハ・ラウンドの早期の成果は，交渉の全体的なバランスを考慮しながら，暫定的あるいは最終的に実施されてもよいと定められている。この一括受諾方式は，ウルグアイ・ラウンドの終盤になって，米国やEUがラウンドの成果を「一つのパッケージ」として全交渉参加国に受け入れるように求めたことに由来する[18]。ウルグアイ・ラウンドにおける一括受諾方式の受入れは，GATT1947における自由化コード（政府調達等）やその後のGATT協定の修正・追加などをすべて取り込んだWTO協定の包括性を担保することになった。しかし，DDA交渉に関しては，次節で見るように，ラウンドの進行を遅らせる足枷になってしまった。

　Elsig and Cottier（2011）は，これら3要素がトリレンマの状態，あるいは「両立不可能な三角形（the incompatible triangle）」（Elsig 2016）の関係に陥ると論じた。例えば，「加盟国によるWTOの主体的運営」と「合意原則」を担保しつつラウンドを進め，かつ「一括受諾方式」に固執すると，加盟国に

---

[18] これは，新たに設立されるWTOのオリジナル・メンバーになることの条件と考えられた（Elsig and Cottier 2011: 299）。

はラウンドの目標設定を低く抑える誘因が働き，新分野への交渉拡大や「サービス貿易と投資」のようなイシュー・リンケージを交渉の場に持ち出すことが難しくなる。実際，WTO 加盟国は，2005 年 12 月の第 6 回香港閣僚会議で DDA の交渉枠組に合意したが，その際に貿易円滑化を除くいわゆるシンガポール・イシューは交渉の枠組から除外された[19]。

　一方，「加盟国による WTO の主体的運営」と「一括受諾方式」を担保しつつラウンドを進め，かつ「合意原則」に固執すると，ラウンドにおける迅速かつ効果的な意思決定は困難になり，ラウンドの推進力は早晩失われてしまうであろう。この場合，多数決ルールによってラウンドの各段階を進めていけば，そのような方式によって生まれた多角的貿易協定では交渉のフォーラムとしての WTO の正当性を損なうリスクが大きい。そこで，「合意原則」と「一括受諾方式」を担保しながらラウンドを迅速に進めようとすれば，「加盟国による WTO の主体的運営」方式に代わって執行理事会のような加盟国から選ばれた代表者のグループによる WTO の運営が必要になるであろう（例えば，Steger 2009）。このとき執行理事会の意思決定は，IMF や世銀のような何らかの加重投票制度に基づくことになるが，WTO における加重投票制度をどのようにするか，その合意形成は極めて難しいであろう。

3. WTO 交渉とドーハ・ラウンド

　前節では，ドーハ・ラウンドが長期にわたって行き詰まった原因として，GATT・WTO が伝統的に採用してきた多角的貿易交渉の方式が内包する問題点を指摘した。「一括受諾方式」に基づく交渉の行き詰まりは，第 8 回閣僚会議の議長声明に盛り込まれた「政治的指針の要件」の中に明記され，透明性と包摂性の原則を遵守しつつ「様々な交渉方式」を試みる必要があると認

---

[19] ドーハ・ラウンド交渉の枠組から外されたシンガポール・イシューは，「貿易と投資」，「貿易と競争政策」並びに「政府調達における透明性」の 3 つである。但し，Evenett（2007a）は，DDA 交渉の枠組から外されたシンガポール・イシューがいずれ WTO 交渉の場に戻ってくる可能性があることを示唆した。

められた[20]。これによって,「一括受諾方式」はDDAの唯一の交渉方式ではなくなり,その後の部分合意への道を開いたわけである[21]。しかし,ドーハ・ラウンドが漂流した要因はそれだけではなく,また全てのWTO交渉が失敗に帰したわけでもない。なぜなら,ドーハ・ラウンドはWTO交渉の全てではないからである。本節ではまず,ドーハ・ラウンドの内と外でどのようなWTO交渉が行われてきたのかを概観し,その中でラウンドが漂流した要因を整理してみたい。

3.1 交渉の漂流から部分合意へ

付表(パネルA)は,WTOのもとで始められた加盟国間貿易交渉の重要な節目となる会議と主な合意事項を年代別に列挙したものであり,設立以来20年を超すWTO交渉は3つの期間に大別できる。

第1の期間は,WTOの設立から2001年11月の第4回閣僚会議までのおよそ6年間である。この間のWTO交渉は,次の5つの分野において成果を生み出した。

(1) GATSに基づくサービ貿易の部門別自由化交渉:これは,ウルグアイ・ラウンドからのレフトオーバーとしての交渉であり,金融サービス・人の移動[22]・基本電気通信において部門別の議定書が妥結した。
(2) GATS XIX条に基づく「GATS 2000サービス交渉の指針と手続き」の決定:この交渉は,その後ドーハ・ラウンドの交渉枠組に組み込まれた。
(3) WTO農業協定20条に基づく「新しい農業交渉」の開始を決定:この交渉は,その後ドーハ・ラウンドの交渉枠組に組み込まれた。
(4) 情報技術協定(ITA)交渉の妥結と実施

---

[20] WT/MIN(11)/W/2並びにWT/MIN(11)/11を参照。
[21] この交渉方式の転換は,「行き詰まったドーハ・ラウンド交渉からWTOを救済する措置」とみなされた(Evenett 2011及びHoekman 2012)。
[22] 「人の移動」に関する議定書は,主に先進国間の企業内人的移動(専門職等)に向けられたものであり,途上国からはインドのみがコミットした(VanGrassteck: 342–3)。

(5) 政府調達協定（GPA1994）改訂交渉の開始

情報通信関連機器の関税撤廃を目指す情報技術協定交渉（いわゆる zero-for-zero 協定[23]）は，「クリティカル・マス方式」に基づく交渉であった。Low（2011）によれば，「クリティカル・マス方式」とは，「WTO 交渉に関して十分な数の加盟国がある共通の協力的行動を取ることに合意する方式」と定義される。GATS は，GATT に比べて規律としても市場アクセスにしてもかなり緩やかな協定であり，GATS XIX 条に基づくサービス貿易交渉は，ドーハ・ラウンドを通じて未完のサービス貿易ルールを発展させ，自由化交渉も自発的かつ漸進的に進めることを意図しているという意味で，「クリティカル・マス方式」に則った交渉である[24]。他方，GPA1994改訂交渉とは，元々東京ラウンドのコードとして妥結された「複数国間クラブ」の性格を持つ政府調達協定の適用範囲を広げ，かつ途上国メンバーを増やすことを目指す改訂交渉であった。このように，最初の6年間のWTO 交渉は，1999年12月のシアトルにおける第3回閣僚会議の失敗にもかかわらず，それなりの成果を上げることができた。

WTO 交渉の第2の期間は，2001年11月のドーハ閣僚宣言の採択によって交渉が開始された「一括受諾方式」に基づくDDA 交渉の10年間である。この期間は，二つの交渉決裂（2003年9月のカンクンでの第5回閣僚会議と2008年7月のジュネーブでの非公式ミニ閣僚会合）によってラウンドが漂流してしまった時期に他ならない[25]。この間の交渉は，まず2004年7月の一般理事会においてDDA の枠組に合意し，交渉の第2段階を通過することができた。さらに，2005年12月には香港で開催された第6回閣僚会議において輸出補助金を2013年末までに撤廃することに合意した。しかし，2006年7月には農業・鉱工業品（NAMA）の市場アクセス等の交渉で膠着し，交渉

---

[23] 過去に実施された zero-for-zero 協定に関しては，Hufbauer and Schott（2012）を参照。
[24] 加盟国間の交渉で合意された一定の関税引下げフォーミュラを適用する農業や鉱工業品の自由化交渉とは性格を異にしている。
[25] 渡邊（2012，第5章），Evenett（2007 a, b），VanGrasstek（2013, Chapter 12）に詳しい。

を中断することになった。その後,冷却期間をおいて開かれた 2007 年 1 月のダボスでの非公式ミニ閣僚会合では,交渉の再開に合意することができたが,同年 7 月のポツダムでの調整は失敗した。2008 年に入って農業と NAMA 交渉グループの各議長による関税引下げ等のモダリティ改定案の提出を経て,ドーハ・ラウンドは交渉の第 3 段階の山場を迎えた。この時期,ラウンドの交渉は最も妥結に近づいたと見られていたが,2008 年 7 月の非公式ミニ閣僚会合では合意に至らなかった。こうしてドーハ・ラウンドは再度行き詰まり,国際機関としての WTO は一転して設立以来最大の危機を迎えることになった。

WTO 交渉の第 3 の期間は,2011 年 12 月の第 8 回閣僚会議から現在までの期間である。この時期は,DDA 交渉が「一括受諾方式」から「様々な交渉方式」に切り替わり,WTO が加盟国間貿易交渉のフォーラムとしてその役割を再度担い始めた時期である。この 5 年間における WTO 交渉の成果は,以下の分野において顕著である。

(1) 政府調達協定(GPA1994)改訂議定書の採択
(2) 情報技術協定(ITA)改訂交渉の開始と妥結
(3) 新サービス貿易協定(TiSA)交渉の枠組に合意
(4) 第 9 回閣僚会議におけるバリ・パッケージの妥結と貿易円滑化協定(TFA)を WTO 協定に組み込む議定書の採択[26]
(5) 環境物品協定(EGA)交渉の開始
(6) 第 10 回閣僚会議におけるナイロビ・パッケージの妥結

では,なぜドーハ・ラウンドは,交渉開始から 10 年もの間度々行き詰まり,漂流してしまったのだろうか。

第 1 の要因は,Elsig and Dupont(2012)が分析したように,交渉当事国が「交渉中の協定に対して最も有利な他の選択肢」を持っているかどうかの判

---

[26] 貿易円滑化協定は,全加盟国の 2/3 の批准をもって 2017 年 2 月 22 日に発効し,GATT1994 の 13 番目の追加的協定となった:https://www.wto.org/english/tratop_e/tradfa_e/tradfa_e.htm

断に関わる[27]。この考え方に立てば，ドーハ・ラウンドの漂流は，GATT以来多角的貿易交渉を主導してきた米国を始めとする主要先進諸国が，90年代半ば以降に自由貿易協定（FTA）や経済連携協定（EPA）交渉の拡大を通じて多角的貿易交渉に代わる「最も有利な選択肢」を確保したからである。換言すれば，ドーハ・ラウンドの漂流は，「意にそぐわない多角的貿易交渉から降りる」という選択の結果であった[28]。それと同時に，付表のパネルBにあるように，環太平洋戦略的経済連携協定（P-4協定）から環太平洋パートナーシップ協定（TPP）への拡大交渉[29]のなかで，2009年11月の米国・豪州・ペルー・ベトナムの参加表明とそれに続くマレーシア・カナダ・メキシコ・日本の交渉参加の決定は，アジア・太平洋地域に「21世紀型の広域FTA」[30]を構築する交渉が本格化することを意味した。事後的に見ると，TPP交渉の進展は，ドーハ・ラウンドの漂流を最終的に終わらせ，「部分合意」への扉を開く鍵になったとも言えよう。

ドーハ・ラウンドが漂流した第2の要因は，農業・NAMA交渉の行き詰まりに見られるように，「先進国対途上国の大取引（グランド・バーゲン）」という考え方がうまく機能しなくなったからである[31]。ウルグアイ・ラウンド交渉では，「途上国は農産品の市場アクセスの拡大と繊維貿易の自由化から利益を得る一方，先進国はGATSによるサービス貿易の自由化とTRIPS協定の締結から利益を得る」という先進国対途上国のグランド・バーゲンの構図が成り立った。しかし，ウルグアイ・ラウンドの成果を一括受諾方式で受け入れたWTO協定の実施は，多くの途上国，特に後発途上国（LDC）にとっ

---

[27] これは，"Best Alternatives To Negotiating Agreements"のことであり，BATNAsと略称される。Elsig and Dupont（2012）は，ゲーム理論を応用してドーハ・ラウンドが長期にわたって膠着した原因を分析した。
[28] 例えば，元USTR代表であったSchwab（2011a, b）やHufbauer（2015）を参照。
[29] TPPの起源については，作山（2015：第2章）を参照。
[30] Baldwin（2011）を参照。Baldwin（2012）は，国境を越えたサプライ・チェーンの統治と発展には現行のWTOに代わる新しいWTO 2.0が必要であると主張した。
[31] "The Grand Bargain"の考え方については，例えば，Ostry（2007）を参照。

ては，国内ルールの変更や制度化を伴うコストの大きいものとなり，この取引はバランスに欠けたものであったとみなされた。その反動として，アフリカ諸国やLDCグループ内では，「ドーハ・ラウンドは開発ラウンドである」という期待が膨らんだ。実際ドーハ閣僚宣言のパラ2では，WTO加盟国の大半が途上国であるという現実に鑑み，これらの国々の要望をドーハ・ラウンドの作業計画の中心に据えて，「…市場アクセスの拡大，均衡のとれたルール，良く的を絞り継続的なファイナンスが可能な技術協力と能力構築プログラムが果たす役割は大きい」と謳っている。この結果，途上国は先進国に対して「意味のある市場アクセスの拡大」を求めることになった。同時に，途上国グループ内においても加盟国間の様々な連合・提携が生まれた。例えば，1995年以降にWTOに加盟した22か国（中国やロシアを含む）は，ラウンドにおける米国やEUからの関税引下げ圧力を緩和するために，「12条グループ」を組織した[32]。さらに，アフリカ・カリブ海・太平洋諸国（ACP）やLDCグループに付与された「特恵関税の浸食」も政治問題化して，ドーハ・ラウンドにおける農業・NAMAの市場アクセス交渉は複雑化しかつ先鋭化した。

　ドーハ・ラウンドの行き詰まりが長期化した第3の理由は，WTOにおける「開発のための貿易」の制度構築がままならないことに起因している。WTO設立を規定したマラケシュ協定の前文では，「…拡大する国際貿易において途上国，特に後発途上国がその経済開発のニーズに応じたシェアを確保することを保証するために積極的な努力を必要とすることを認め…関税やその他の貿易障壁の実質的な軽減と国際貿易関係における差別的待遇の除去に向けて，互恵的な相互に有利になるような取極めを締結することによって，前記の目的の達成に寄与することを希望し…」と述べている。さらに，この課題はより具体的にはドーハ閣僚宣言の中の3つの項目，すなわち

・技術協力と能力構築：パラ38-41

---

[32] これは，マラケシュ協定のXII条の下で新規加盟交渉を行った加盟国グループである。WTO交渉における加盟国間の様々な連合・提携については，次のWTOのサイトを参照：https://www.wto.org/english/tratop_e/dda_e/negotiating_groups_e.htm

・LDC イシュー：パラ 42–43

・特別かつ異なる待遇（S&D 待遇）：パラ 44

の中で取り上げられた。これに対して，WTO 加盟国は，国別・地域別に作成された技術協力や能力構築のプログラムを実施し，モニターすることで対処してきた。また，LDC イシューは，特恵関税，特に無税・無枠による市場アクセスの持続的拡大，WTO への加盟の円滑化と迅速化，国内の供給制約の軽減に資する技術協力等を実施することで対応してきた。実際，国境を超えたサプライ・チェーンの拡大と国際的なビジネス関係の深化は，これまで GATT・WTO が伝統的に扱ってきた関税等の国境措置の軽減や撤廃ばかりでなく，途上国内における様々な規制措置が企業活動に及ぼす影響やインフラ整備などの供給制約要因にも目を向けることになった。しかしながら，WTO 協定における S&D 待遇は数多く多岐にわたり，そうした措置の WTO 協定上の法的位置づけや実効性も明確ではなく見直しが必要である[33]。

最後に，ドーハ・ラウンドを漂流させた第4の要因として，「交渉を終結させる誘因の欠如」を指摘したい。これは，WTO の紛争解決制度が強化された結果，WTO 協定のより厳格な実施が求められるようになったために，加盟国はラウンドの交渉結果にコミットしづらくなった。ウルグアイ・ラウンドの終結に際しては，新たに設立される WTO への加盟という強い動機付けがあったけれども，「ドーハ・ラウンドの終結」にはそのようなプッシュ要因は存在しない。

3.2 部分合意によるラウンドの成果

表2は，DDA 交渉の部分合意によるラウンドの成果を第9回閣僚会議のバリ・パッケージと第10回閣僚会議のナイロビ・パッケージについて比較

---

[33] WTO 協定における S&D 待遇は，重複を避けると 139 項目に及ぶ。S&D 待遇のこれまでの経緯に関しては，例えば Fukasaku（2000）に詳しい。S&D 待遇の理論的な根拠や特恵関税の最近の動向，並びに WTO の制度的な仕組み，特に「貿易と開発委員会」（CTD）の役割に関しては，WTO（2014）を参照。

表 2　第 9 回と第 10 回の閣僚会議における部分合意の概要

交渉分野	合意事項	コメント
新WTO協定	貿易円滑化協定	第 9 回閣僚会議のバリ・パッケージ (2013 年 12 月) 1995 年の WTO 創設以来、初めての WTO 協定に合意；マラケシュ協定の付属書 1A に本協定を挿入するための議定書を 2014 年 11 月の一般理事会で採択した；本協定は、加盟国の 3 分の 2 の受諾をもって 2017 年 2 月 22 日に発効。
農業	一般サービスの取扱い	地方経済・食料安全保障・貧困削減などに貢献する土地改良等の一般サービス・プログラムをリストアップ。
農業	食料安全保障のための公的備蓄	永続的な解決が得られるまでの暫定的な合意；その間は紛争解決制度を通じたチャレンジは控え、第 11 回閣僚会議において最終合意を図る。
農業	関税割当制度の運用に関する了解	消化率が 65% 未満の関税割当制度の運用改善を図る。
綿花	輸出競争	2005 年の香港閣僚宣言に記された目標（パラ 6）に向けて、全ての輸出補助金並びにそれと同等の効果を有する全ての輸出措置の削減を目指し、ポスト・バリの作業計画の優先事項とする。
綿花	綿花	綿花に関する貿易の透明性と監視機能を高め、2005 年の香港閣僚宣言（パラ 11）にあるように、「意欲的、迅速かつ具体的に」綿花の問題に取り組む。
LDC	LDC 向け特恵原産地規則	後発途上国向け特恵原産地規則の円滑化に向けて、加盟国がそれぞれの特恵原産地規則の透明性を高めるためにガイドラインに基づき、規則の透明性を高めるために毎年制度のレビューを行う。
LDC	LDC 向けサービス特恵と LDC サービス供給者向け特恵措置に関するウェーバーの運用	サービス貿易理事会は、後発途上国向けサービス特恵の迅速かつ効果的な運用を目指すプロセスを開始し、ウェーバーの運用を定期的にレビューし、次のステップに向けた提案をする。
LDC	LDC 向け無税・無枠での市場アクセス	先進国は、後発途上国からの輸入の少なくとも 97% に対して無税・無枠での市場アクセスを供与するように、次の閣僚会議までに改善する。

表2 第9回と第10回の閣僚会議における部分合意の概要（続き）

開発	S&D待遇に関する監視メカニズム	全ての特別かつ異なる待遇に関する実施の改善、あるいは改善に向けた交渉を開始するために、WTOの貿易と開発委員会のなかに監視制度を設け、3年後に監視制度の評価を行なう。
	第10回閣僚会議のナイロビ・パッケージ（2015年12月）	
農業	途上国向け特別セーフガード制度（SSM）	途上国の権利を認め、農業委員会特別会合において交渉することに合意。
	食料安全保障のための公的備蓄	ラウンドの農業交渉とは別に、農業委員会特別会合において永続的な解決を図るように交渉を加速化させることに合意。
	輸出競争	原則として、先進国は現存する輸出補助金を即時撤廃。但し、後者はその実施に際して、農産品輸出に係るマーケティングや国内輸送コストへの補助金を2023年まで維持でき、途上国や農産物純輸入途上国は、2030年まで維持できる；輸出信用・保証制度の規律を強化し、同時にその実施に関してはS&D待遇を適用する；農業輸出公社への規律の適用；国際食糧援助への規律の適用。
綿花	綿花	先進国並びに同様の措置が可能と表明する途上国*は、2016年1月からそれぞれの後発途上国向け特恵制度の枠内において綿花及び綿花関連品に対して無税・無枠での市場アクセスを供与する（*中国はその旨を表明）；国内補助金のWTOへ報告と審査を通じて透明性を確保する；上記の輸出競争に関する閣僚決定を実施する；綿花セクターへの支援の継続；2年ごとに実施状況をレビューする。
LDC	LDC向け特恵原産地規則	原産品を判断するための実質的変更基準（付加価値基準、関税分類変更基準、加工工程基準）や特恵貿易協定における累積を適用する際には、特定品目や部門に関する後発途上国からの要望を考慮する。
	LDC向けサービス特恵とLDCサービス供給者向け特恵措置の実施ならびにサービス貿易へのLDCの参加拡大	本件に関するウェーバーを2030年末まで延長する；サービス貿易への後発途上国の参加を促進するため、WTO加盟国は、後発途上国のサービス供給者向けに特別の技術協力を実施するように要望する。

出所：WT/MIN(13)/DECとWT/MIN(15)/DECならびにそこでリファーされたWTO資料より筆者作成

した。前者については貿易円滑化協定交渉の妥結，後者については農業の輸出競争と綿花の交渉においてそれぞれ妥結をみている[34]。これらは，「様々な交渉方式」の下で行われた仕切り直しのドーハ・ラウンドが生み出した大きな成果である。特に，貿易円滑化協定は，WTO 設立以来 18 年目にして初めて妥結した新しい多角的貿易協定である。マラケシュ協定の付属書 1A にこの協定を挿入するための議定書も 2014 年 11 月の一般理事会において採択され，2017 年 2 月に発効した。貿易円滑化協定の実施は，貿易規則の透明性を高め，税関手続きの簡素化と迅速化を図り，貿易コストの削減を目指している[35]。特に，途上国にとっては，貿易量の実質的な拡大に直結する施策であり，この協定の実施に当たっては「貿易円滑化ファシリティ」[36]の支援を受けることができる。

　「農業の輸出競争」に関するナイロビ合意は，2 年前のバリ合意に基づき，先進国と途上国の双方に対して輸出補助金の使用に歯止めをかけることを目的としている。農産物輸出への直接的な財政支援は，多くの先進国において実質的な撤廃ないし大幅な削減がなされてきた（ICTSD 2016: 24-6）。ナイロビ合意では，それに加えて，輸出信用・保証制度・農業輸出公社・国際食糧援助の分野でも WTO の規律を適用することを目指している。他方，綿花のナイロビ合意では，現行の LDC 向け特恵貿易制度の枠内で綿花と綿種子

---

[34] これら以外にも，農業分野（「一般サービスの取り扱い」と「関税割当の運用」）や LDC イシュー（「LDC 向け特恵原産地規制の優遇措置」と「LDC 向けサービス特恵制度」）において交渉の成果が出ている。また，情報技術協定の改訂交渉も妥結し，閣僚宣言（WT/MIN(15)/25）が出されたが，これはラウンドの枠外の複数国間交渉の成果なので次節で取り上げる。

[35] 貿易円滑化協定は，GATT の V 条（通過の自由），VIII 条（輸出入に関する手数料及び手続），X 条（貿易規則の公表及び施行）に係る通関業務や貿易手続きの改善・迅速化を図り，貿易コストの削減を目的としている。Moïsé 等による OECD の研究は，本協定の実施によって低所得国は貿易コストを平均して 14.5％低下させることができると推計している（Moïsé, E. et al. 2013）。また，貿易円滑化協定の実施が国内経済にもたらす潜在的利益の比較分析に関しては，WTO（2015b）を参照。

[36] http://www.tfafacility.org/ を参照。

品に対して無税・無枠での市場アクセスを供与することが定められた。しかし，中国を例外として，綿花の主要な輸入国である先進諸国ではすでに綿花の輸入税率は極めて低い。さらに，綿花生産者への国内補助金の削減義務は今回の合意には含まれていない。国際市場全体に目を移せば，綿花の生産は，ポリエステルとの競合においてマーケット・シェアを減らしており，綿花のナイロビ合意が綿花の輸出拡大を通じて後発途上国の開発にどの程度寄与するかは，合意事項の実施状況も含めて，今後のレビューを待つ必要がある（同上：39–51）。

　上記以外の合意内容については，DDA交渉の大きな柱の一つである「開発・LDCイシュー」に関して，一定の進展が見られた。特に，LDC向けの特恵貿易（物品とサービス）において意味のある市場アクセスの拡大と原産地規制の見直し・透明性の確保は「開発のための貿易」の制度構築にとって重要である。一方，2008年7月の非公式ミニ閣僚会合における農業・NAMA交渉決裂の直接的な原因となった「食料安全保障のための公的備蓄」に関する永続的な解決は，次回の閣僚会議に持ち越されることになった。また，「途上国向け特別セーフガード制度」に関しては農業委員会特別会合において交渉することに合意した。

3.3　ラウンドの枠外でのWTO交渉

　2011年12月の第8回閣僚会議以降のWTO交渉では，ドーハ・ラウンドの枠外で進められた複数国間貿易交渉の重要性が高まってきた。このようなWTO交渉はクラブ方式による交渉と呼ばれ，「最恵国待遇（MFN）クラブ」と「非MFNクラブ」に大別できる。「MFNクラブ」の中には，前述した「金融サービス」，「人の移動」並びに「基本電気通信」が含められる。これらは，WTO加盟国がGATSのルールに基づき，個別セクターごとに自発的に行う追加的な「自由化約束」である。一方，新サービス貿易協定（TiSA）は，ドーハ・ラウンドにおけるGATS2000サービス交渉が失敗した後，2012年7月にWTO23有志国（EUを1とする）が新しいサービス貿易交渉の開始準備に合

意した複数国間貿易交渉である（Marchetti and Roy 2013）。

　EU の非公式文書（2012年9月）と TiSA のコア・テキスト（2013年3月）によれば，この交渉は，次のような3つのフェーズからなっている[37]。

・フェーズ1では，これら参加国間による TiSA 交渉の合意を目指す[38]。これは，GATS の基本的な条項と既にコミットしている「自由化約束」に，TiSA 交渉で合意された追加的なルール及び規律と交渉参加国間だけに適用されるより進んだ「自由化約束」を加えた「GATS プラス」の協定になる。
・フェーズ2では，GATS XVIII 条（追加的コミットメント）に基づき，TiSA へのさらなる参加を他の WTO 加盟国に求め，その加盟交渉において合意された追加的な「自由化約束」を TiSA に加えることを目指す。
・このフェーズ2において十分な数の WTO メンバーが TiSA に参加することになれば，すなわちクリティカル・マスが達成されたと判断されれば，全参加国はフェーズ3に移行する。ここでは，TiSA の合意事項と追加的な「自由化約束」の成果を現行の GATS に全て組み込んで，「TiSA の多角化」を達成するというものである[39]。この方式が「MFN クラブ」と呼ばれる所以である。

　MFN クラブとして最も成功した WTO 交渉は，情報技術協定（ITA）の締結・実施とその後の品目拡大交渉の合意である。これも「クリティカル・マス方式」で行われた複数国間貿易交渉であり，当初この交渉に参加した

---

[37] 言うまでもなく，現時点で TiSA 交渉がどのような形で妥結するか予断を許さないが，世界のサービス貿易の25％（2015年，域内貿易を除く）を占める EU の提案は重要である。詳しくは，EU の次のサイトを参照：http://ec.europa.eu/trade/policy/in-focus/tisa/
[38] TiSA 交渉の参加国・地域は，サービスの "Real Good Friends"（RGF）グループと呼ばれ，23有志国・地域からなる：日・豪・加・米・墨・香港・台湾・韓国・EU・チリ・コロンビア・コスタリカ・アイスランド・イスラエル・リヒテンシュタイン・モーリシャス・ニュージーランド・ノルウェー・パキスタン・パナマ・ペルー・スイス・トルコ。
[39] 2016年2月3日に採択された欧州議会の TiSA 交渉に関する決議（European Parliament 2016）では，「全ての交渉参加国が交渉結果の多角化にコミットする」ように欧州委員会に要求した。また，同決議は中国の交渉参加要請を支持した。

WTO加盟国は29であったが、その後拡大して2016年4月には82に及び、ITAがカバーする約140品目の世界貿易額に占める割合は96％に達した[40]。

ITAの品目を拡大する改訂交渉は、2012年6月に24のWTO有志国によって開始された。このITA-2交渉も「クリティカル・マス方式」による複数国間交渉であり、第10回閣僚会議において品目の拡大交渉は追加201品目で合意した。ITA-2参加国は2015年末で54に達し、当該品目の世界貿易額の90％、約1兆3000億ドル（2013年）をカバーした[41]。

MFNクラブに属するWTO交渉としては、環境物品協定（EGA）交渉も重要である。これは「クリティカル・マス方式」によるITA交渉の成功体験に基づき、2014年7月に14のWTO有志国によって交渉が開始され、現在は17のWTO加盟国（EUを1とする）が合意に向けて交渉を加速化させてきた[42]。環境物品協定の交渉は、協定が対象とする関税品目の特定化や税率のフェーズ・アウト方式などを詰める作業が進められており、G20杭州サミット（9月4–5日）とその後オスロで開かれたWTOの非公式ミニ閣僚会合（10月21–22日）での担当大臣会合を経て、12月の閣僚会合での合意を目指していたが、結局合意には至らなかった。

最後に、複数国間協定の中で「非MFNクラブ」に分類される政府調達協定（GPA1994）の改訂交渉にも触れておきたい。政府調達交渉は、当初OECDでの討議を経てGATT東京ラウンドの開始とともに交渉のフォーラム

---

[40] G/IT/1/Rev.55（2016年4月7日）による。ITAが対象とする品目は，コンピューター・半導体・半導体製造機器・通信機器・その他の電子機器・データ収納機器・これら6分野に関する部品やアクセサリーである。ITA交渉とその実施については，WTO（2012）を参照。

[41] ITA-2の実施よって関税が撤廃される品目は，デジタルAV機器・カーナビなどの通信機器・医療機器・半導体用部品及び原材料・その他となっている。https://www.wto.org/english/tratop_e/inftec_e/itaintro_e.htm を参照。

[42] 例えば，2016年8月5日に公表されたEUのレポートを参照：http://trade.ec.europa.eu/doclib/docs/2016/august/tradoc_154835.pdf。なお，17の交渉メンバーは，豪・日・加・米・中国・香港・台湾・韓国・EU・コスタリカ・アイスランド・イスラエル・ニュージーランド・シンガポール・ノルウェー・スイス・トルコである。

をジュネーブに移した。政府調達協定は，東京ラウンドのコードとして1979年に成立し，その後1987年に最初の改訂が行われた。ウルグアイ・ラウンド期間中は，ラウンドと並行して政府調達交渉が進められ，1994年に複数国間協定としての新政府調達協定（GPA1994）が締結された。この新協定は，改訂交渉のためのビルト・イン条項を含んでいたので，1997年2月に始まった改訂交渉は，ラウンドの枠外で継続され，2012年3月に改訂議定書に合意し，2014年4月に施行された。

　政府調達（政府や政府系機関による物品・サービスの購入）は，一国経済の活動に占める割合が大きく，競争原理の導入によって経済合理性と手続きの透明性を高める必要が大きい分野であるが，ルールに基づく多角的貿易体制のもとで明示的にGATT（III条8a項規定）やGATS（XIII条1項規定）の枠外に置かれ，新政府調達協定を受諾したWTO加盟国間にのみ同協定のルールや手続きが適用されてきた。では，なぜ政府調達協定は最恵国待遇の適用が難しく，「非MFNクラブ」に留まっているのであろうか。

　2003年9月の第5回閣僚会議の準備段階において，当時WTOの事務局長であったスパチャイは，政府調達をDDAのカンクン・パッケージの中に取り込もうと望んでいたが，マレー人優遇のブミプトラ政策を国是とするマレーシア政府の強い反対にあって実現しなかった（VanGrassteck 2013: 362）。さらに，新政府調達協定は，協定参加国を順次増やし，「クリティカル・マス方式」に基づき複数国間協定の多角化を図るのにはそぐわない分野とみなされた。結局，「MFNクラブ」と「非MFNクラブ」の線引きは，非クラブ・メンバーによる「ただ乗り」行為を看過できるかどうかという判断によっている。政府調達の効率性と透明性を高めることは，先進国・途上国を問わず行政の無駄を省き，汚職を減らす上で重要な施策であるが，産業政策の一環として自国民を優遇する誘因が強く働くため，新政府調達協定の参加国は現在47（うち28はEU加盟国）に留まっている。

4. WTO 改革の方向性

ドーハ・ラウンドが漂流したWTO交渉の第2期以降，ジュネーブを拠点とするWTOコミュニティ（元大使や貿易担当外交官，元WTO職員，学識経験者等）の内と外からWTOの制度改革に関する多くの提言が出されてきた[43]。最近では，バリとナイロビでの部分合意を受けて，「どのようにドーハ・ラウンドを終結させるか」に関心が向いている。しかし，ナイロビ閣僚宣言のパートIII（パラ30）は，ドーハ・ラウンド交渉の終結の仕方に関する主要加盟国間の意見の集約にはなお時間がかかることを示唆していた。また，同パラ31では，「残されたドーハ・イシュー」として，(1) 農業交渉の3つの柱（国内助成・市場アクセス・輸出競争），(2) NAMA，(3) サービス，(4) 開発，(5) TRIPS，(6) 貿易ルールを列挙した。しかし，現行のドーハ・ラウンドの交渉枠組を維持したい途上国グループと交渉の新しいアーキテクチャーを求める先進国グループ間の溝を埋めることは容易ではない。以下では，最近のWTO改革に関する諸提言に基づき，WTOの信頼回復のために急を要する課題とWTOが取り組むべきグローバル・イシューに分けて論点を整理してみたい。

4.1 加盟国間貿易交渉のフォーラムとしての信頼回復

2007年に公表されたウォーウィック委員会報告書は，WTO体制を取り巻く経済社会環境の大きな変化として以下の5点を強調した。
(1) 欧米社会を中心に貿易自由化に反対するグループの台頭
(2) WTO体制を牽引する強いリーダーシップの欠如
(3) 多極化する世界経済のもとでWTOがカバーすべき分野の境界や交渉

---

[43] WTOの制度改革に関する文献は，WTOの5つの任務をカバーするたいへん広範なものであり，それらのすべてをここで取り上げる余裕はない。本節では，「加盟国間交渉のためのフォーラム」の機能に関するテーマに注目する。最近の文献としては，Hoekman and Mavroidis（2016），ICTSD（2016），Meléndez-Ortiz, R.（2016）を参照。

方式の見直し
(4) 貿易利益のより公正な分配と開発のための貿易への要求
(5) 拡大する地域貿易協定とWTO協定の相互補完の必要性

　当時ウォーウィック委員会報告書は，WTOが直面するこうした課題に対して断片的に対処するのではなく，「統一的，包括的かつ体系的な対応」ができるように，WTO加盟国は「自省の時」(reflection time)を設ける必要があると勧告した。この五つ課題は，10年後の今日でもその重要性を失っていないが，WTO加盟国にとって「自省の時」はすでに終わり，2年ごとに開かれる閣僚会議において具体的な成果を出すことが求められている。2017年12月10–13日に予定されている第11回閣僚会議に向けて，最初の準備会合が2016年10月21–22日にオスロで開催された。この非公式ミニ閣僚会合では，漁業補助金を含む「残されたドーハ・イシュー」の解決と欧米諸国で強まる「反グローバリズム」に対するWTOの取組み等が議題となった[44]。

　第11回閣僚会議のアジェンダ作りや今後のWTO改革の方向性を考える上で，2016年に公表された3つの提言—「E15イニシアティブ報告書」，「B20貿易投資タスクフォース政策文書」と「G20上海貿易大臣会合ステートメント」—は，検討に値する（表3）。

　まず第1に，WTOは，加盟国間貿易交渉のフォーラムとしての信頼を一層高める努力を継続しなければならない。そのためには，G20サミット諸国は，主要な途上国グループとの連携を強めながら，(1) 情報技術拡大協定と2017年2月に発効した貿易円滑化協定の確実な実施，(2) 2016年暮れに交

---

[44] 第11回閣僚会議のホスト国であるアルゼンチン外務省の発表（プレス・リリース347/16, 2016年10月19日）によれば，この会議には，WTOからDGアゼヴェドと会議を主催したノルウェーに加えて，WTO24か国・地域が参加した。G20サミット・グループからは，米国・EU・日本・中国・ロシア・インド・アルゼンチン・ブラジル・韓国・カナダ・豪州・メキシコ・インドネシア（G33グループのコーディネーター）・南アが出席し，その他には，コロンビア・ベナン（LDCグループのコーディネーター）・ケニア・レゾト・モロッコ（アフリカ・グループ）・ニュージーランド・パキスタン・ルワンダ（ACPグループ）・シンガポール・スイスが参加した。詳しくは，https://www.wto.org/english/news_e/spra_e/spra141_e.htm を参照。

ドーハ・ラウンド交渉の変遷と WTO の将来

渉妥結を見送った環境物品協定と新サービス貿易協定の交渉再開と早期合意を目指してリーダーシップを発揮する必要がある。

第 2 に，WTO が世界経済の構造変化に対して十分な適応能力を発揮でき

表 3　WTO 改革の方向性

E15 イニシアティブ報告書	2016	(1) ドーハ・ラウンドを終結させるための強力な加盟国間連携の実現，終結のためのパッケージの策定，そのための特別のマンデートを事務局長に付与　(2) 最適な複数国間交渉方式（無条件 MFN あるいは条件付き MFN）のあり方を審議するための委員会あるいは作業部会の設置　(3) WTO の各専門委員会の機能改善に向けて外部有識者からなる会議の設置と改善案の提示　(4)「ビジネス諮問委員会」等の設置によって民間セクターと WTO の交流を制度化し，閣僚会議に合わせて「ビジネス・フォーラム」を開催する。
B20 貿易投資タスクフォース政策文書	2016	(1) 多角的貿易体制を強化，WTO に違反した保護主義措置の停止とロールバック　(2) 2016 年末までに貿易円滑化協定の発効，早期実施　(3) 投資円滑化と適切な投資保護のため，世界の投資政策環境の改善に取り組む。
G20 上海貿易大臣会合ステートメント	2016（パラ 11–16）	(1) 今日の世界経済に果たす WTO の中心的役割の確認　(2) 保護主義措置の停止とロールバック　(3) 地域貿易協定と WTO 協定との整合性　(4) 貿易円滑化協定の発効と実施　(5) 第 11 回閣僚会議の成功に向けて残されたドーハ・イシューへの取組みを強化（農業・NAMA・サービス・開発・TRIPS・貿易ルール）　(6) 多くの加盟国の参加を伴う WTO と矛盾しない複数国間協定の役割を確認，ITA 品目拡大改訂協定の実施，TiSA と EGA の交渉を促進，特に野心的にして未来志向的な EGA を 2016 年末までに関係閣僚会議を開催して妥結を目指す。

出所：下記の資料から筆者作成
Elsig, M. (2016), http://e15initiative.org/publications/functioning-wto-options-reform-enhanced-performance/
http://media-publications.bcg.com/B20-2016-China-Trade-and-Investment-Policy-Paper.pdf
https://www.wto.org/english/news_e/news16_e/dgra_09jul16_e.pdf

るように，「国際機関としてのWTOの役割」を高める必要がある。特に，表3で指摘された以下のような提言は重要である。
- (1) WTO協定に違反する保護貿易措置の停止とロールバックをモニターするWTOの貿易政策審査制度の強化；
- (2) ドーハ・ラウンドを終結させるための加盟国間連携の構築と実現可能なパッケージの策定；
- (3) 最適な複数国間交渉方式のあり方を審議する委員会あるいは作業部会の設置；
- (4)「ビジネス諮問委員会」の設置によって民間セクターの意見を取り入れるチャネルを制度化

　上記 (1) に記されたWTOの審査機能の強化は，優先順位が高い改革である。「反グローバリズム」の動きが欧米社会で強まるなかで，WTOは開かれた世界貿易体制の番人として，加盟国の通商政策に関する客観的情報を広く発信していく必要がある。

　一方，上記 (2) に関連して，「E15イニシアティブ報告書」は，特別の任務を事務局長に付与することを提言した。しかしながら，残されたドーハ・イシューのなかで，農業とNAMAの交渉の行き詰まりを打開することは容易ではない。例えば，インド・ブラジル・インドネシア・南アなどの主要なWTO途上国は，自国の工業化戦略を推進するために鉱工業品のWTO協定税率を高めに維持すると同時に，農業保護のために必要に応じて農産品の輸入税率を引き上げる余地（いわゆる，ポリシー・スペース）を確保している[45]。他方，中国はWTO加盟交渉においてWTO協定税率の上限の大幅引き下げを受け入れた経緯があって，そのようなポリシー・スペースを持っていない[46]。中国経済は，成長の減速と鉄鋼やアルミ精錬等の過剰生産設備の

---

[45] 例えば，インドの鉱工業品の単純平均輸入税率は，10.2％（2014年）であるのに対して，WTO協定税率は34.5％に設定されている。同様に，農産品の単純平均輸入税率は，33.4％（同年）であるが，WTO協定税率は113.5％である（OECD-ITC-UNCTAD, *World Tariff Profiles 2015* を参照）。

削減圧力に直面するなかで，さらなる市場アクセス交渉を行なう誘因は乏しいであろう。

4.2 グローバル・イシューへの取り組み

WTOは，加盟国間貿易交渉のフォーラムとしての信頼醸成を図ると同時に，グローバル・イシューへの取組みも専門委員会や作業部会を通じて進めていく必要がある。WTOが自らのルールを継続的に見直し，現行ルールの改正や新しいルールの作成に積極的に関与していくことができなければ，WTOルールは世界経済の実態から乖離してしまい，WTOが有する紛争解決制度の有用性も限定的にならざるを得ないであろう[47]。

グローバル・イシューとしてWTOが取り組むべき分野としては，第一に漁業補助金の問題がある。これは，WTOルールに関するドーハ・ラウンド交渉の一部であり，SDGsの目標（14.6）の一つに掲げられた課題である[48]。アゼヴェドは，2016年7月貿易交渉委員会議長としての報告（JOB/GC/102）のなかで，第11回閣僚会議に向けて漁業補助金に関するルール作りに意欲を示した。それ以降，WTOルール交渉委員会の議長による非公式の協議を継続するなかで，貿易円滑化協定の枠組みを念頭に置きながら，EUや複数の途上国グループが漁業補助金ルールの内容について具体的な提案を行ってきた。また，WTOでの交渉と並行して，2016年9月には漁業補助金に関する複数国間交渉も立ち上がっている[49]。

---

[46] 中国における鉱工業品の単純平均輸入税率（2014年）とWTO協定税率は，それぞれ8.6％と9.2％である。同様に，農産品の場合は，それぞれ15.2％と15.7％である（同上）。

[47] Baldwin and Nakatomi（2015）やDraper（2015）を参照。

[48] SDGs 14.6は，「途上国及び後発途上国に対する適切かつ効果的なS&D待遇が，WTO漁業補助金交渉の不可分の要素であるべきことを認識したうえで，2020年までに，過剰な漁獲能力や過剰漁獲につながる漁業補助金を禁止し，違法・無報告・無規制漁業につながる補助金を撤廃し，同様の新たな補助金の導入を抑制する」と記している（United Nations 2015）。

[49] 漁業補助金交渉に関しては，https://www.wto.org/english/news_e/news17_e/fish_01mar17_e.htm 並びに，https://www.wto.org/english/news_e/news16_e/fish_09dec16_e.htm を参照。

グローバル・イシューとしてWTOが取り組むべき第二の分野としては，「電子商取引に関するWTOルールの作成」が挙げられる。WTOの「電子商取引」への取り組みは，1998年9月の一般理事会で採択された作業計画に則って進められてきた[50]。しかし，急速に進展する「デジタル経済」をWTO体制にどのように組み込むべきかという基本的な問題に対して意見の集約が見られていない。現在一般理事会等において電子商取引のルール作りのための基礎作業が進められているが，「デジタル経済」が引き起こすグローバルな課題，例えば，消費者保護，データ・フローとサーバーの現地化，インターネットへのアクセスとサイバー・セキュリティ，中小企業への対応，途上国と先進国のデジタル格差などにどのように対応していくのか，十分な合意形成がなされていない。これまでのドーハ・ラウンドにおける「電子商取引」分野の具体的な成果は，「デジタル・コンテンツの国際取引には課税しない」という2年ごとの暫定的な措置の継続に留まっている[51]。

　また，アゼヴェドは，2016年6月のスピーチの中で，欧米社会を中心に台頭する反グローバリズムの動きに対して，加盟国と共にWTOとしてきちんと対応していかなければならないと述べた[52]。貿易自由化の利益が国内においてより公平に分配されるように，国際機関としてのWTOは，貿易自由化の推進から影響を受ける労働者や中小企業への「貿易調整支援プログラム」が有効かどうか，加盟国政府と共にきちんと検証し，貿易政策検討制度の枠組みを使って明らかにしていく必要がある。それと同時に，国境を越えたサプライ・チェーンの拡大と中小企業による対外投資活動を支援するため

---

[50] 「電子商取引」の作業計画（WT/L/274）は，その性質上サービス・物品・TRIPSの各理事会と「貿易と開発委員会」（CTD）において並行的に作業を進め，分野横断的イシューに関しては一般理事会が担当するという重層的な枠組のもとに作業が進められてきた。

[51] 詳しくは，WT/GC/W/701, WT/GC/W/721を参照。なお，電子商取引とWTOの既存のルールや他の分野との関連性に関しては，JOB/GC/116（2017年1月13日）が有益である。

[52] 次のWTOサイトを参照：https://www.wto.org/english/news_e/spra_e/spra126_e.htm

に,「外国投資の円滑化と適切な保護」が十分に図られているか,貿易政策検討制度のなかで取り上げることによって,加盟国の政策の透明性とWTOとの関連性を高めていくことも重要である[53]。

5. 結語

　本稿は,これまで15年に及ぶドーハ・ラウンドのいくつかの節目の交渉とその成果,並びにラウンドの枠外で行われてきた複数国間貿易交渉の成果と最近の進展を振り返り,WTO改革の方向性を論じてきた。実際,WTO交渉は,ドーハ・ラウンドの枠組の度重なる変更と部分合意への転換,並びに有志国による複数国間貿易交渉方式の積極的活用を通じて大きく変容してきた。その中で国際機関としてのWTOは,加盟国間貿易交渉のフォーラムとして蘇生することができた。WTOが進むべき道筋はかなり明確になってきたというのが筆者の結論である。

　第9回と第10回の閣僚会議においてWTO交渉が「部分合意」とはいえ,実質的な成果を生み出すことができた事実は,WTOが本来担うべき「多角的貿易交渉のペダルを踏み続ける」というGATT以来の責務を果たすことにつながった。情報技術協定交渉とその品目拡大交渉の二度にわたる成功は,WTO交渉に柔軟性を与え,複数国間交渉で妥結された協定を多角化する「MFNクラブ」方式のメリットを実証することになった。2016年暮れまで鋭意進められてきた環境物品協定や新サービス貿易協定の交渉再開と早期合意は,WTOの信頼回復を確実にするためにも最重要課題である。

　最後に,10年に及ぶドーハ・ラウンドの漂流は,WTO体制を牽引する強いリーダーシップの欠如とWTO改革の遅れがもたらす組織上のコストがいかに甚大であったかを物語っている。WTOは,公正なルールに基づく開放的な世界貿易体制の番人として,「21世紀のグローバリズム」の在り方に関

---

[53] Chaisse and Matsushita（2013）は,現行の貿易政策検討制度が十分にその機能を発揮していないこと,政策検討の対象として加盟国の伝統的な通商政策だけでなく,環境や投資といったグローバル・イシューを取り上げることを指摘した。

する明確なガイドポストを加盟国に提示する義務を負っている。そのためには，上海貿易大臣会合のステートメントに明記されたWTO改革の具体的な提案を実現していく真摯な努力がG20グループ諸国に求められている[54]。

---

[54] 2017年1月20日に誕生した米国トランプ新政権がWTO交渉にどのような姿勢で臨むのか，本稿執筆時点では不明であるが，同年3月1日に米国通商代表部が議会に提出した通商政策の年次報告書（USTR 2017）は，「多国間交渉よりも二国間交渉が優れており，米国の国益に沿わない既存の貿易協定は再交渉する」と明記した。米国が不公正貿易慣行を理由に一方的に輸入関税を課すことが実際に起これば，もちろん相手国はWTOに提訴することになり，二国間の貿易摩擦はWTOの紛争解決制度に場を移すことになろう。そこで仮に米国に不利な裁定が出されることになれば，米国がWTO裁定を無視するというシナリオもいずれトランプ新政権のもとで現実味を帯びるかも知れない。この問題については，稿を改めて論じたい。

付表　WTO と TPP 協定交渉の概略

		A. 主な WTO 交渉	B. 主な TPP 協定交渉
1994 年	4 月	ウルグアイ・ラウンド協定と WTO を設立するマラケシュ協定に署名	
1995 年	1 月	WTO 設立	
同年	7 月	一般理事会において GATS 金融サービス（付属書 2）と人の移動（付属書 3）に合意	
1996 年	11 月	WTO と IMF・世銀間の協力に関する正式合意	
同年	12 月	第 1 回 WTO 閣僚会議（シンガポール）29 有志国・地域による情報技術協定（ITA）閣僚宣言に合意	
1997 年	2 月	政府調達協定（GPA1994）の改訂交渉の開始	
同年	3 月	ITA に関する閣僚宣言の実施（関税引下げ）を 40 加盟国が合意	
同年	4 月	一般理事会において GATS 基本電気通信（付属書 4）に合意	
同年	7 月	一般理事会において GATS 金融サービス（付属書 5）に合意	
1998 年	5 月	第 2 回 WTO 閣僚会議（ジュネーブ）GATT 協定発効 50 周年記念	
同年	9 月	一般理事会において電子商取引の作業計画を採択	
1999 年	12 月	第 3 回 WTO 閣僚会議（シアトル）会議は紛糾・失敗，大規模な反 WTO デモ	
2000 年	2 月	WTO 農業協定 20 条に基づく新しい農業交渉の開始を決定	
2001 年	3 月	GATS XIX 条に基づく GATS2000 サービス交渉の指針と手続きを決定	
同年	11 月	第 4 回 WTO 閣僚会議ドーハ閣僚宣言採択・DDA 交渉開始	
同年	12 月	中国と台湾（チャイニーズ・タイペイ）の WTO 加盟	
2003 年	3 月	農業・サービス交渉における当初のデッドラインを守れず	
同年	9 月	第 5 回 WTO 閣僚会議（カンクン）閣僚宣言が採択されず，会議は決裂	
2004 年	7 月	一般理事会において DDA 交渉の枠組みに合意（貿易円滑化を含む）	
2005 年	1 月	DDA 交渉のデッドラインを守れず	
同年	12 月	第 6 回 WTO 閣僚会議（香港）輸出補助金の撤廃（2013 年末）に合意	
2006 年	5 月		TPSEP（いわゆる P-4）発効
同年	7 月	DDA 交渉中断：農業・鉱工業品の市場アクセス等で膠着・中断	
2007 年	1 月	非公式ミニ閣僚会合（ダボス）で DDA 交渉再開へ	
同年	7 月	非公式ミニ閣僚会合（ポツダム）G4 による調整失敗	
2008 年	2 月	農業と NAMA 交渉グループの各議長がモダリティ改定案を提出	
同年	7 月	非公式ミニ閣僚会合（ジュネーブ）関税引き下げ等のモダリティに合意できず	

付表　WTOとTPP協定交渉の概略（続き）

年	月	WTO関連	TPP関連
2009年	11月	第7回WTO閣僚会議（ジュネーブ）2010年内の合意を目指す	米・豪・ペルー・越のTPP交渉参加表明
2010年	10月		マレーシアのTPP交渉参加表明
2011年	11月		APECハワイ閣僚会合の際にTPP交渉の枠組合意を発表
同年	12月	第8回WTO閣僚会議（ジュネーブ）部分合意等へ方向転換	
2012年	3月	GPA1994の改訂議定書を採択	
同年	6月	WTO24有志国・地域がITA改訂交渉を開始	加・墨両国のTPP交渉参加表明
同年	8月	露のWTO加盟	
同年	12月	WTO23有志国・地域がTiSAの交渉枠組について合意	
2013年	3月		日本のTPP交渉参加表明
同年	6月	WTO23有志国・地域によるTiSA共同発表：本格的な交渉段階に移行	
同年	12月	第9回WTO閣僚会議バリ・パッケージが妥結・貿易円滑化協定（TFA）合意	
2014年	7月	WTO14有志国・地域によるEGA交渉開始	
同年	11月	一般理事会においてTFAをWTO協定に組み込むための議定書を採択	
2015年	6月		米議会は大統領にTPP交渉の権限（TPA）を付与
同年	7月	WTO23有志国・地域によるTiSA交渉のストックテイキング	ハワイ会合ではTPP協定合意得られず
同年	10月		アトランタ会合にてTPP協定合意成立
同年	12月	第10回WTO閣僚会議ナイロビ・パッケージが妥結・ITAの品目拡大に合意	
2016年	2月		オークランドにてTPP協定に調印
同年	10月	非公式ミニ閣僚会合（オスロ）：第11回閣僚会議に向けた最初の準備会合	
2017年	1月	TRIPS協定修正のための議定書の発効	米国はTPP協定から正式に脱退
同年	2月	貿易円滑化協定の発効	

出所：WTO・EU・ICTSD及び内閣府・外務省の各ウエブサイト，並びに作山（2015：年表）から筆者作成

参考文献

小林友彦，他（2016），『WTO・FTA 法入門：グローバル経済のルールを学ぶ』法律文化社．

松下満雄，他（2009），『ケースブック WTO 法』有斐閣．

中川淳司（2013），『WTO：貿易自由化を超えて』岩波新書．

作山巧（2015），『日本の TPP 交渉参加の真実：その政策過程の解明』文眞堂．

渡邊頼純（2012），『GATT・WTO 体制と日本：国際貿易の政治的構造』（増補2版）北樹出版．

Baldwin, R.E. (2011), 21st Century Regionalism: Filling the Gap between 21st Century Trade and 20th Century Trade Rules, *Policy Insight* 56, Centre for Economic Policy Research, May (http://www.cepr.org).

Baldwin, R.E. (2012), WTO 2.0: Global Governance of Supply-Chain Trade, *Policy Insight* 64, Centre for Economic Policy Research, December (www.cepr.org).

Baldwin, R.E. and M. Nakatomi (2015), Restoring WTO Centrality to a Multi-Tiered Global Trading System, in World Economic Forum (2015), *The High and Low Politics of Trade*, August (8–10).

Blackhurst, R. (1998), The Capacity of the WTO to Fulfill its Mandate, in Krueger, A., ed., *the WTO as an International Organization*, Chicago: University of Chicago Press (Chapter 1).

Chaisse, J. and M. Matsushita (2013), Maintaining the WTO's Supremacy in the International Trade Order: A Proposal to Refine and Revise the Role of the Trade Policy Review Mechanism, *Journal of International Economic Law* 16 (1): 9–36.

Draper, P. (2015), What is the Future of the WTO?, World Economic Forum (15 September): https://www.weforum.org/agenda/2015/09/how-can-the-wto-remain-relevant/

Elsig, M. (2016), The Functioning of the WTO: Options for Reform and Enhanced Performance, E15 Expert Group on the Functioning of the WTO — Policy Options Paper, E15 Initiative, Geneva: ICTSD and World Economic Forum.

Elsig, M. and T. Cottier (2011), Reforming the WTO: The Decision-Making Triangle Revisited, in Cottier, T. and M. Elsig, eds., *Governing the World Trade Organization: Past, Present and Beyond Doha*, Cambridge: Cambridge University Press (Chapter 13).

Elsig, M. and C. Dupont (2012), Persistent Deadlock in Multilateral Trade Negotiations: The Case of Doha, in Narlikar, A., M. Daunton and R.M. Stern, eds., *The Oxford Handbook of the World Trade Organization*, Oxford: Oxford University Press (Chapter 26).

European Parliament (2016), Negotiations for the Trade in Services Agreement, Resolution of 3 February 2016 (P8_TA (2016) 0041): http://www.europarl.europa.eu/plenary/en/texts-adopted.html#sidesForm

Evenett, S.J. (2007a), Five Hypotheses Concerning the Fate of the Singapore Issues in the Doha Round, *Oxford Review of Economic Policy* 23 (3): 392–414.

Evenett, S.J. (2007b), Reciprocity and the Doha Round Impasse: Lessons for the Near-Term and After, *Policy Insight* 11, Centre for Economic Policy Research, September (http://www.cepr.org).

Evenett, S. (2011), Saving the WTO from the Doha Round, Voxeu.org (17 April): http://voxeu.org/article/saving-wto-doha-round

Fukasaku, K. (2000), Special and Differential Treatment for Developing Countries: Does It Help Those Who Help Themselves?, UNU/WIDER *Working Paper* No. 197, Helsinki, September 2000.

Henderson, D. (1998), International Agencies and Cross-Border Liberalization: The WTO in Context, in Krueger, A., ed., *the WTO as an International Organization*, Chicago: University of Chicago Press (Chapter 3).

Hoekman, B.M. (2012), Proposals for WTO Reform: A Synthesis and Assessment, in Narlikar, A., M. Daunton and R.M. Stern, eds., *The Oxford Handbook of the World Trade Organization*, Oxford: Oxford University Press (Chapter 33).

Hoekman, B.M. and M. Kostecki (2009), *The Political Economy of the World Trading System*, 3rd ed., Oxford: Oxford University Press.

Hoekman, B.M. and P.C. Mavroidis (2016), Clubs and the WTO post-Nairobi: What is Feasible? What is Desirable?, Voxeu.org (3 February): http://voxeu.org/article/clubs-and-wto-post-nairobi

Hufbauer, G.C. (2015), The WTO Lives On, the Doha Round Does Not, Voxeu.org (21 December): http://voxeu.org/article/wto-lives-doha-round-does-not

Hufbauer, G.C. and J.J. Schott (2012), Will the World Trade Organization Enjoy a Bright Future?, Policy Brief 12-11, Peterson Institute for International Economics, Washington, DC.

ICTSD (2014), Post-Bali Negotiations on Agriculture: the Challenge of Updating Global Rules on Trade, Information Note, October 2014.

ICTSD (2016), Evaluating Nairobi: What does the Outcome Mean for Trade in Food and Farm Goods?, Geneva, June.

ICTSD and WEF (2016), *The E15 Initiative: Strengthening the Global Trade and Investment System in the 21st Century*, Geneva.

Irwin, D. (2015), *Free Trade Under Fire* (4th ed.), Princeton: Princeton University Press.

Jackson, J.H. (2001), The WTO "Constitution" and Proposed Reforms: Seven Mantras Revisited, *Journal of International Economic Law* 4 (1): 67–78.

Jackson, J.H. (2006), *Sovereignty, the WTO and Changing Fundamentals of International Law*, Cambridge: Cambridge University Press.

Low, P. (2011), WTO Decision-Making for the Future, Staff Working Paper ERSD-2011-5, Geneva: WTO (manuscript).

Marchetti, J.A. and M. Roy (2013), The TISA Initiative: An Overview of Market Access Issues,

Staff Working Paper ERSD 2013-11, Geneva: WTO.

Meléndez-Ortiz, R. (2016), What's Ahead for the WTO: Looking Around the Corner and Beyond, Voxeu.org (26 July): http://voxeu.org/article/what-s-ahead-wto-looking-around-corner-and-beyond

Moïsé, E., S. Sorescu, D. Hummels and P. Minor (2013), Trade Facilitation Indicators: The Potential Impact of Trade Facilitation on Developing Countries' Trade, *OECD Trade Policy Paper 144*, Paris: OECD.

Nogués, J.J. (1998), Comment: The Linkage of the World Bank with the GATT/WTO, in Krueger, A., ed., *the WTO as an International Organization*, Chicago: University of Chicago Press (82–95).

Odell, J. (2009), Breaking Deadlocks in International Institutional Negotiations: The WTO, Seattle and Doha, *International Studies Quarterly* 53 (2): 273–299.

Odell, J. and B. Eichengreen (1998), The United States, the ITO and the WTO: Exit Options, Agent Slack and Presidential Leadership, in Krueger, A., ed., *the WTO as an International Organization*, Chicago: University of Chicago Press (Chapter 6).

Ostry, S. (2007), Trade, Development and the Doha Development Agenda, in Lee, D. and B. Wilkinson, eds., *The WTO After Hong Kong: Progress in, and Prospects for, the Doha Development Agenda*, London: Routledge (Chapter 2).

Schwab, S. (2011a), After Doha: Why the Negotiations Are Doomed and What We Should Do About It, *Foreign Affairs* 90 (3): 104–117.

Schwab, S. (2011b), Acknowledge Doha's Demise and Move on to Save the WTO, Voxeu.org (28 May): http://voxeu.org/article/acknowledge-doha-s-demise-and-move-save-wto

Steger, D. (2009), The Future of the WTO: The Case for Institutional Reform, *Journal of International Economic Law* 12 (4): 803–833.

Sutherland, P., *et al* (2004), *The Future of the WTO: Addressing Institutional Change in the New Millennium*, Geneva: WTO (https://www.wto.org/english/thewto_e/10anniv_e/future_wto_e.htm).

United Nations (2015), *Transforming Our World: The 2030 Agenda for Sustainable Development* (A/RES/70/1), New York.

USTR (2017), *The President's 2017 Trade Policy Agenda*: https://ustr.gov/about-us/policy-offices/press-office/press-releases/2017/march/annualreport17

VanGrasstek, C. (2013), *The History and Future of the World Trade Organization*, Geneva: WTO.

Warwick Commission (2007), *The Multilateral Trade Regime: Which Way Forward?*, Coventry: University of Warwick (https://www2.warwick.ac.uk/research/warwickcommission/worldtrade/report/).

WTO (2011), *Understanding the WTO*, 5th ed., Geneva.

WTO (2012), *15 Years of the Information Technology Agreement: Trade, Innovation and Global*

Production Networks, Geneva.
WTO (2014), *World Trade Report 2014: Trade and Development*, Geneva.
WTO (2015a), *The WTO at 20: Challenges and Achievements*, Geneva.
WTO (2015b), *World Trade Report 2015: Speeding Up Trade*, Geneva.

Summary

The Vicissitudes of Doha Round Negotiations and the Future of the WTO

Kiichiro Fukasaku

(Project Professor, Faculty of Economics, Keio University)

The World Trade Organization, through its Doha Round, has brought multilateral negotiations on the Trade Facilitation Agreement and part of agricultural negotiations to successful conclusions. Yet, the member countries must continue their efforts in re-building confidence on the WTO as the forum of trade negotiations. For that sake, the WTO would need to conclude successfully plurilateral negotiations on the Environmental Goods Agreement and the Trade in Services Agreement. At the same time, it would also need to bring out concrete results in "global issues" such as the pursuit of sustainable development, the expansion of supply chains across national borders and the rapid development of the digital economy.

◇コメント◇

静岡県立大学名誉教授　小浜　裕久

1.「ポジティブサム・ゲーム」の追求

　アメリカのムニューシン財務長官は 2017 年 3 月 24 日，ワシントンで開かれたイベントで，「アメリカの労働者にとって利益にならない貿易協定は再交渉していく。我々は保護主義にはならないが，再交渉で利益が得られなければ，（保護主義に）ならざるを得ない」と述べたと報道されている（『讀賣新聞（電子版）』，2017 年 3 月 25 日）。トランプ政権の閣僚だから，こう言うしかないのかもしれないが，「アメリカの労働者にとって利益にならない」というのは，短期的利益を指しているのだろうか。「再交渉で利益が得られなければ，（保護主義に）ならざるを得ない」というのは，保護主義になった方がアメリカの労働者にとって利益になるというのだろうか。それとも，「21 世紀型（経済）砲艦外交」なのだろうか。

　ドナルド・トランプは「America First」といつも言っている。そんなの当たり前だろう。どこの国の政治家も，まずは自国の利益を考えて政治をするのだ。問題は，短期的な一面的な利益を求めるのか，いろんな要素を考慮して，長期的にどうするのが自国の利益に適うかの問題だ。イギリスのメイ首相は，Brexit で「いいとこ取り」を考えたらしいが，世の中そんなに甘くはないのを知っただろう。

　ドナルド・トランプには理解出来ないだろうが，「比較優位の理論」は最も優れた経済学の知見で，「ゼロサム・ゲーム」ではない。トランプは，これまで「ゼロサム・ゲーム」をやって来たのかも知れない。「賢者は歴史に学び，愚者はなんとか」と言われる。リチャード・アーミテージは，「ドナルド・トランプは不動産業者であり，ビジネスマンではない。不動産業者は取引をする。彼の言っていることは，ほとんどそうだ。ビジネスマンはともに利益を得られる関係をめざす。トランプがビジネスマンであるという事実

を私は受け入れない」と言っている[1]。トランプがビジネスマンと言えるかどうかは分からないが，少なくとも，一流のビジネスマンではないと思う。

トランプは，「貿易赤字」は悪で，「貿易黒字」はいいことだと思っているらしい。まあ，そう思っている日本人もたくさんいるだろう。でも「貿易赤字」と「貿易黒字」のどっちが余計消費できるかも考えた方がいい。

庶民が，目先の短期的な利益を追求するのは仕方がない。でも，政治家は，有権者に対して，自分の全人格・全政治資本を尽くして，長期的利益は何か，どうすれば「ポジティブサム・ゲーム」が実現するかを，説得する責務を負う。EUから離脱すれば，こんなにいいことがあると言い続けた「ウソつき」政治家までイギリスにはいるのだ。驚くべきことに，党首は辞めたものの彼は政界を引退したわけでもないし，坊主になったわけでもない。「Post-Truth」の時代に生きるのは，なかなか難しい。

2.「変遷」と「将来」

深作報告のタイトルは，「ドーハ・ラウンド交渉の変遷とWTOの将来」。筆者は過去に関心はないので，「変遷」より「将来」に関心がある。「過去に関心はない」っていう割には，お前は過去のこといろいろ書いてるじゃないか，と言われそうだ[2]。誤解なきように言えば，「将来を考える」のに過去を勉強することが役に立つなら，過去にも歴史にも大いに関心がある。乱暴に言えば，これから5年先のことを考えるには過去15年くらいを考える，10年先なら過去30年を考える。

筆者は不勉強なので，ドーハ・ラウンド交渉の細かい経緯は知らなかったので，報告論文を読んでとても勉強になった。「なぜドーハ・ラウンドは漂流したのか」という問題意識は大切だ。

---

[1]「トランプ政権「アジア政策のカギはマティス氏」アーミテージ元米国務副長官に聞く」『日本経済新聞（電子版），2017年1月25日』。
[2] 例えば，Ohkawa and Kohama (1989)，小浜・渡辺 (1996)，小浜・浦田 (2001)，Kohama (2007)，浅沼・小浜 (2013) など。

トランプ政権の通商政策を考えるまでもなく、国際貿易交渉は政治経済学の世界だ。歴史を振り返れば、1948年3月、56か国が貿易政策、労働基準、経済開発と投資促進、制限的商慣習の規制、商品協定、完全雇用に関する広範なルール、国際貿易機関の組織と権限を含んだ ITO 憲章（ハバナ憲章）が採択された。しかし、1950年10月アメリカ議会の反対で ITO 憲章は発効しなかった[3]。トランプ大統領は、2017年1月20日就任当日に TPP 協定への参加を破棄した。二国間交渉で TPP 以上に有利な貿易協定を結ぶことが出来るという腹づもりなのだろう。それが間違いだということに気づくのにどれくらいの時間がかかるのだろうか。選挙期間中、オバマケアよりすぐれた健康保険制度を構築すると約束していたが、現時点ではポシャったままだ。

3. 世界経済の安定的発展

世界経済の安定的発展は、世界の誰にとっても望ましい。ちょっと経済学を勉強した人には自明のことである[4]。1944年夏、まだドイツもイタリアも日本も連合国と戦争していたとき、連合国の代表たちはニューハンプシャー州ブレトンウッズに集まり、戦後の世界経済の安定的発展のための制度作りについて議論した。先人たちの英知に頭が下がる。

IMF、世界銀行、ITO（International Trade Organization）が戦後の世界経済の安定的発展のための制度であったが、上で書いたように ITO はポシャってしまい、曖昧な GATT が長くつづき、1995年にやっと WTO が設立されたものの、深作報告にあるように、ドーハ・ラウンドは迷走している。

世界大恐慌がなければヒトラーは現れなかったかもしれないし、国際連盟がもう少しうまく設計されていれば、第2次大戦は防げたのかもしれない。最も優れた憲法といわれたワイマール憲法下で、ヒトラーが合法的に権力を握ったことを考えると、我々は歴史に対して謙虚に向き合わなくてはならない。「歴史」にも「謙虚さ」とも無縁のドナルド・トランプがアメリカの大統

---

[3] リベリアとオーストラリアのみ批准。

[4] トランプ大統領は、そうは思ってないかもしれないが。

ドーハ・ラウンド交渉の変遷とWTOの将来

領だということは，我々は危険な世界に生きていることを自覚すべきだろう。

短期・ミクロで考えるとグローバリゼーションの利益など見えないと言う人たちも多いかもしれない。でも，長期・マクロで考えると，反グローバリゼーションの動きは間違っている。マクロの利益が庶民に均霑されないのは，政治の責任だ。経済政策の目標は，「成長と公正」の追求である。経済効率の追求は必要だが，そのためにも社会の安定は不可欠であり，分配政策はきわめて重要だ。

図は1964年から2015年までの輸出額の伸び率である。図には示していないが，1950年から64年の年平均伸び率は7.4%であった（データはWTO）。年々の変動は大きく，2015年はマイナス13.6%であった。輸出のGDPに対する比率も1960年以降順調に上昇していたが，2009年から低迷している。輸出の伸びは経済成長にとって大切だ。年々の変動はともかく，マイナス成長を防ぐ手立てが求められる。

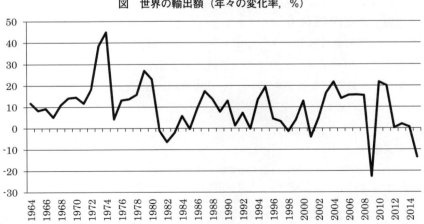

図　世界の輸出額（年々の変化率，%）

出典：WTO, *World Trade Statistical Review 2016* のデータより筆者作成。

4. WTO の行方

　深作報告第 4 節「WTO 改革の方向性」には 2007 年に公表されたウォーウイック委員会報告書に示された WTO が直面する 5 つのチャレンジが紹介されている。チャレンジに対して断片的に対処するのではなく，「統一的，包括的かつ体系的な対応」ができるように，WTO 加盟国は「自省の時」（"reflection time"）を設ける必要があると勧告しており，この勧告は今日でもそのまま当てはまると，報告者は言う。WTO は世界経済の安定的発展にとって大切な国際機関だと筆者は思っているが，10 年近くも「自省」をし続けるのはよろしくない。そんな余裕はないのではなかろうか。

　報告者が「結語」の最後に注記しているように，2017 年 3 月 1 日にアメリカ通商代表部が議会に提出した通商政策の年次報告書には，「多国間交渉よりも二国間交渉が優れており，アメリカの国益に沿わない既存の貿易協定は再交渉する」と明記されているらしい。アメリカが不公正貿易慣行を理由に一方的に輸入関税を課すことが実際に起これば，もちろん相手国は WTO に提訴することになり，二国間の貿易摩擦は WTO の紛争解決制度に場を移すことになる。そこでアメリカに不利な裁定が出れば，アメリカが WTO 裁定を無視するというシナリオもトランプ政権のもとで現実味を帯びるかも知れない，と報告者は言う。ドナルド・トランプには，オバマのような「忍耐」はない。というより，オバマの「忍耐」を否定したいように思える。WTO がアメリカに不利な裁定を下すなら，「WTO なんか脱退してしまえ」と言い出しかねないのだ。

参考文献
浅沼信爾，小浜裕久（2013），『途上国の旅―開発政策のナラティブ』勁草書房．
小浜裕久，渡辺真知子（1996），『戦後日本経済の 50 年―途上国から先進国へ』日本評論社．
小浜裕久，浦田秀次郎（2001），『世界経済の 20 世紀―われわれは「賢く」なったか』日本評論社．

Kohama, H. (2007), *Industrial Development in Postwar Japan*, London: Routledge.
Ohkawa, K. and H. Kohama (1989), *Lectures on Developing Economies: Japan's Experience and its Relevance*, Tokyo: University of Tokyo Press.

会 報

会 報

【日本国際経済学会第75回全国大会】

　日本国際経済学会第75回全国大会は，2016年10月29日（土）・30日（日）の2日間にわたって中京大学・名古屋キャンパスにおいて開催されました．学会員212名，討論者として参加して頂いた非学会員5名，韓国国際経済学会 KIEA からの参加者5名の合計222名の参加があり，例年通り活発な研究報告や諸種行事が執り行われました．具体的なプログラム内容は以下の通りです．なお，論文題目の後に（E）がついている場合は英語で報告が行われたことを，また〈J〉が付いている場合は求職活動の一環として報告が行われたことをそれぞれ表しています．

◆大会第1日　　2016年10月29日（土）◆
★午前の部　自由論題（9：30 ～ 12：00）
　　　　　　　　フラッシュトーク＆ポスターセッション（12：10 ～ 13：30）
第1分科会　Trade Policy（会場：1号館6階162教室）
　　　　　　　　　　　　座　長　一橋大学　　古沢　泰治
1. Tariffs, Vertical Oligopoly and Market Structure （E）
　　　　　　　　　　　　報告者　福島大学　　荒　知宏
　　　　　　　　　　　　討論者　学習院大学　椋　寛
2. Optimal policy coordination for regime stability under informational barriers about political economic fundamentals （E）
　　　　　　　　　　　　報告者　Sungkyunkwan University　Young-Han KIM
　　　　　　　　　　　　討論者　京都大学　　神事　直人
3. What goes around comes around: Export-enhancing effects of import-tariff reductions （E）
　　　　　　　　　　　　報告者　アジア経済研究所　早川　和伸
　　　　　　　　　　　　討論者　学習院大学　伊藤　匡
第2分科会　International Macroeconomics 1（会場：1号館6階163教室）
　　　　　　　　　　　　座　長　立命館大学　大田　英明
1. On the Stabilization Effect of Progressive Tax in a Small-Open Economy with Endogenous Growth （E）
　　　　　　　　　　　　報告者　神戸大学　　胡　雲芳

　　　　　　　　　　　　討論者　東京工業大学　　　大土井涼二
2. Limited Asset Market Participation and Capital Controls in a Small Open Economy（E）
　　　　　　　　　　　　報告者　Kyung Hee University　　Yongseung JUNG
　　　　　　　　　　　　討論者　武　蔵　大　学　　　大野　早苗
3. Does Foreign Aid Cause "Dutch Disease"?: Case of CLMV Economies（E）
　　　　　　　　　　　　報告者　埼　玉　大　学　　　田口　博之
　　　　　　　　　　　　討論者　獨　協　大　学　　　木原　隆司

第3分科会　FDI and Offshoring（会場：1号館6階164教室）
　　　　　　　　　　　　座　長　早　稲　田　大　学　　戸堂　康之
1. The Effect of Offshoring on Skill Premiums: Evidence from Japanese Matched Worker-Firm Data（E）
　　　　　　　　　　　　報告者　慶應義塾大学　　　遠藤　正寛
　　　　　　　　　　　　討論者　中　央　大　学　　　田中　鮎夢
2. Does Korea's Official Development Assistance (ODA) Promote Its FDI?（E）
　　　　　　　　　　　　報告者　University of Seoul　Yougkul WON
　　　　　　　　　　　　討論者　早　稲　田　大　学　　戸堂　康之
3. Exports and FDI entry decision: Evidence from Japanese foreign-affiliated firms（E）
　　　　　　　　　　　　報告者　一　橋　大　学　　　Ivan Deseatnicov
　　　　　　　　　　　　討論者　慶應義塾大学　　　清田　耕造

第4分科会　貿易理論1（会場：1号館5階152教室）
　　　　　　　　　　　　座　長　南　山　大　学　　　太田代幸雄
1. Firm's Location and Trade Policy
　　　　　　　　　　　　報告者　東　洋　大　学　　　小橋　文子
　　　　　　　　　　　　討論者　一　橋　大　学　　　杉田　洋一
2. Income, Health, Demographic Movement and Food Price Determination
　　　　　　　　　　　　報告者　静岡県立大学　　　沖本まどか
　　　　　　　　　　　　討論者　南　山　大　学　　　蔡　　大鵬
3. Effects of globalization on labor market imperfection and job choice〈J〉
　　　　　　　　　　　　報告者　神戸大学大学院　　稲葉　千尋
　　　　　　　　　　　　推薦者　　　　　　　　　　　中西　訓嗣
　　　　　　　　　　　　討論者　南　山　大　学　　　太田代幸雄

第5分科会　生産ネットワーク（会場：1号館5階153教室）

座　長　九州大学　　清水　一史

1. アセアン自動車市場の現状—タイ自動車販売店の実態—

　　　　　　　報告者　愛知大学　　李　　泰王
　　　　　　　討論者　南山大学　　林　　尚志

2. スマートフォンのバリュー・チェーンの先行研究の一考察

　　　　　　　報告者　同志社大学大学院　　程　　培佳
　　　　　　　推薦者　　　　　　　　田淵　太一
　　　　　　　討論者　名古屋産業大学　　加藤　和彦

3. 東アジア地域におけるサプライチェーンの進展と技術普及

　　　　　　　報告者　東レ経営研究所　　福田　佳之
　　　　　　　討論者　近畿大学　　井出　文紀

フラッシュトーク＆ポスターセッション（12：10～13：30）

座　長　名古屋大学　　柳瀬　明彦

1. 市場構造に基づく対外援助競争に関する分析

　　　　　　　報告者　静岡県立大学　　飯野　光浩

2. 技術水準と地理的障壁

　　　　　　　報告者　名古屋市立大学大学院　　岩本　朋大

3. 共有再生可能資源貿易における消費者の選好の異質性と貿易利益：中間報告としての貿易パターン決定を含む

　　　　　　　報告者　専修大学　　小川　　健

4. The Effect of Information and Communication Technology on CEO's Span of Control: Evidence from Japanese firms

　　　　　　　報告者　弘前大学　　桑波田浩之

5. On the trade, growth, and welfare effects of intellectual property rights protection

　　　　　　　報告者　大阪大学大学院　　斎藤　佑樹

6. 労働組合と企業の立地　寡占一般均衡モデル

　　　　　　　報告者　大阪大学大学院　　佐野　穂先

7. Heckscher-Ohlin Specialization in the Enlarged EU: Is the EU the Multiple-Cone Economy?

　　　　　　　報告者　名古屋大学大学院　　鈴木　健介

昼食　　　12：40～13：30

理事会　　12：40〜13：30（会場：0号館9階　第6会議室）
会員総会　13：40〜14：10（会場：1号館3階　清明ホール）
学会賞授与式・受賞者記念講演　14：10〜15：10（会場：1号館3階　清明ホール）
第11回小島清賞研究奨励賞・受賞記念講演：
「日本のミクロ・データによる貿易の実証分析について」
　　　　　　　　　　　　　　　　　　一橋大学　　冨浦　英一

★午後の部　共通論題「新たな秩序を模索する世界経済：今後の展望と課題」
　　（15：20〜18：50）
　　　　　　　　　　　　座　長　愛知学院大学　　多和田　眞
　　　　　　　　　　　　　　　　大阪大学　　　　阿部　顕三
1.　自由貿易協定のオリジナル・メンバー国と新規加盟国：ルール設定者とルール追随者
　　　　　　　　　　　　報告者　アジア経済研究所　浜中慎太郎
　　　　　　　　　　　　討論者　慶應義塾大学　　木村　福成
2.　アジアの為替市場の変動とインフラ開発金融
　　　　　　　　　　　　報告者　アジア開発銀行研究所　吉野　直行
　　　　　　　　　　　　討論者　京都大学　　　　岩本　武和
3.　ドーハ・ラウンド交渉の変遷と国際機関としてのWTO
　　　　　　　　　　　　報告者　慶應義塾大学　　深作喜一郎
　　　　　　　　　　　　討論者　静岡県立大学名誉教授　小浜　裕久

★懇親会　19：00〜20：30（会場：2号館1階　アレーナ211）

◆大会第2日　2016年10月30日（日）◆
★午前の部　自由論題（9：30〜12：00）
第6分科会　国際マクロ経済学2（会場：1号館6階162教室）
　　　　　　　　　　　　座　長　愛知大学　　　　栗原　裕
1.　On the trade, growth, and welfare effects of intellectual property rights protection
　　　　　　　　　　　　報告者　大阪大学大学院　斎藤　佑樹
　　　　　　　　　　　　推薦者　　　　　　　　　祝迫　達郎
　　　　　　　　　　　　討論者　中京大学　　　　古川　雄一
2.　Population aging, retirement policy, and current account reversals

		報告者	名古屋市立大学	稲垣	一之
		討論者	近 畿 大 学	星河	武志

3. Impacts of US Quantitative Easing on East Asian Currencies

		報告者	中 央 大 学	中村	周史
		討論者	南 山 大 学	吉見	太洋

第7分科会　貿易理論2（会場：1号館6階163教室）

座　長　法 政 大 学　　武智　一貴

1. Trade Liberalization and Unemployment in Unionized General Oligopolistic Equilibrium〈E〉

		報告者	山 形 大 学	亀井	慶太
		討論者	関西学院大学	藤原	憲二

2. International Increasing Returns and Patterns of Investment on Transport Infrastructure〈J〉

		報告者	名古屋大学大学院	津布久将史	
		推薦者		柳瀬	明彦
		討論者	関西学院大学	東田	啓作

3. Gravity in Space: infrastructure and exports, evidence from Japan 2011 Tsunami

		報告者	上 智 大 学	浜野	正樹
		討論者	慶應義塾大学	大久保敏弘	

第8分科会　貿易実証（会場：1号館6階164教室）

座　長　慶應義塾大学　　清田　耕造

1. Exchange Rate and Utilization of Free Trade Agreement: Perspective of Rules of Origin

		報告者	南 山 大 学	吉見	太洋
		討論者	学 習 院 大 学	椋	寛

2. Heckscher-Ohlin Specialization in the Enlarged EU: Is the EU the Multiple-Cone Economy?

		報告者	名古屋大学大学院	鈴木	健介
		推薦者		柳瀬	明彦
		討論者	慶應義塾大学	清田	耕造

3. Measuring Japan's welfare gain from its globalization of manufacturing sector

		報告者	学 習 院 大 学	伊藤	匡
		討論者	アジア経済研究所	早川	和伸

第9分科会　国際政治経済学（会場：1号館5階152教室）

座　長　立命館大学　　中本　悟

1. 新しい開発パラダイムとしてのアジア・コンセンサスの模索

　　　　　　　　　　　報告者　明 治 大 学　　小林　尚朗
　　　　　　　　　　　討論者　杏林大学名誉教授　馬田　啓一
2. リーマンショック後のアメリカ産業構造高度化をどう見るか―イノベーション・グローバル化・社会分業深化・格差拡大・政策的インプリケーション―
　　　　　　　　　　　報告者　立 教 大 学　　山縣　宏之
　　　　　　　　　　　討論者　西南学院大学　　立石　　剛
3. グローバル生産システムと制度・政策転換
　　　　　　　　　　　報告者　九 州 大 学　　石田　　修
　　　　　　　　　　　討論者　立 命 館 大 学　中本　　悟

第10分科会　環境（会場：1号館5階153教室）
　　　　　　　　　　　座　長　兵庫県立大学　　岡本　久之
1. International Joint Ventures between Recycling Firms and the Environment
　　　　　　　　　　　報告者　福井県立大学　　杉山　泰之
　　　　　　　　　　　討論者　兵庫県立大学　　岡本　久之
2. 環境物品貿易の環境効果―環境技術の国際的普及に注目して
　　　　　　　　　　　報告者　鹿 児 島 大 学　日野　道啓
　　　　　　　　　　　討論者　名古屋市立大学　内田　真輔

昼食　　　12：10〜13：00
理事会　　12：10〜13：00（会場：0号館9階　第6会議室）
会員総会　13：00〜13：30（会場：1号館3階　清明ホール）

★午後の部　自由論題（**13：40 〜 16：10**）

第11分科会　国際経済学のフロンティア（会場：1号館6階162教室）
　　　　　　　　　　　座　長　立 命 館 大 学　大川　昌幸
1. Multinationals, Intra-firm Trade, and Employment Volatility
　　　　　　　　　　　報告者　慶應義塾大学　　清田　耕造
　　　　　　　　　　　討論者　一 橋 大 学　　冨浦　英一
2. Inventing Around, Trade in Similar Products, and Optimal Patent Breadths
　　　　　　　　　　　報告者　関西学院大学　　東田　啓作
　　　　　　　　　　　討論者　近 畿 大 学　　森田　忠士
3. Industrial cluster policy and transaction networks: Evidence from firm-level data in Japan
　　　　　　　　　　　報告者　慶應義塾大学・**小田賞受賞者**　大久保　敏弘

　　　　　　　　　討論者　早稲田大学　　戸堂　康之
第12分科会　貿易理論3（会場：1号館6階163教室）
　　　　　　　　　座　長　上智大学　　　蓬田　守弘
1. Tax competition, market size and imperfect labor market 〈J〉
　　　　　　　　　報告者　大阪大学大学院　澤田有希子
　　　　　　　　　推薦者　　　　　　　　山本　和博
　　　　　　　　　討論者　九州産業大学　　今　　喜史
2. Inventory Holding and a Mixed Duopoly with a Foreign Joint-Stock Firm
　　　　　　　　　報告者　大阪大学大学院修了　大西　一弘
　　　　　　　　　討論者　新潟大学　　　　濱田　弘潤
3. Population Growth and Trade Patterns in Semi-Endogenous Growth Economies
　　　　　　　　　報告者　京都大学・小島清賞 優秀論文賞受賞者　佐々木啓明
　　　　　　　　　討論者　慶應義塾大学　　大東　一郎
第13分科会　アジア経済（会場：1号館6階164教室）
　　　　　　　　　座　長　学習院大学　　　乾　　友彦
1. The Impact of the Madrid Protocol on Technology Trade in Asia 〈J〉
　　　　　　　　　報告者　日本大学　　　　羽田　　翔
　　　　　　　　　討論者　大阪市立大学　　高橋　信弘
2. 為替リスク管理から考えるアジアのインフラファイナンス
　　　　　　　　　報告者　亜細亜大学　　　赤羽　　裕
　　　　　　　　　討論者　日本総合研究所　　清水　　聡
3. Policy Uncertainty and FDI: Evidence from the China-Japan Island Dispute
　　　　　　　　　報告者　経済産業研究所　　張　　紅咏
　　　　　　　　　討論者　専修大学　　　　伊藤　恵子
第14分科会　地域経済統合（会場：1号館5階152教室）
　　　　　　　　　座　長　立命館大学　　　板木　雅彦
1. 欧州銀行同盟（EBU）の国際的側面―銀行監督調和のダイナミズム―
　　　　　　　　　報告者　金沢大学　　　　佐藤　秀樹
　　　　　　　　　討論者　大阪市立大学名誉教授　山下　英次
2. 財政同盟の効果に関する理論的分析
　　　　　　　　　報告者　中央大学大学院　中尾　将人
　　　　　　　　　推薦者　　　　　　　　田中　素香

　　　　　　　　　　　討論者　関 西 大 学　　高屋　定美
3.　WTO ルールから見たユーラシア経済連合（EEU）の現状と特徴
　　　　　　　　　　　報告者　青山学院大学　　岩田　伸人
　　　　　　　　　　　討論者　杏林大学名誉教授　馬田　啓一
第 15 分科会　開発経済（会場：1 号館 5 階 153 教室）
　　　　　　　　　　　座　長　国 士 舘 大 学　　平川　均
1.　Can Microcredit Works to Alleviate Poverty in Developing Countries?（E）
　　　　　　　　　　　報告者　金沢星稜大学　　ジョマダル　ナシル
　　　　　　　　　　　討論者　名 古 屋 大 学　　新海　尚子

【日本国際経済学会第 7 回春季大会】

　日本国際経済学会第 7 回春季大会は 2017 年 6 月 10 日（土），松山大学において開催されました。以下は，そのプログラムの内容です。なお，論文題目の後に（E）がついている場合は英語で報告が行われたことを，また（J）が付いている場合は求職活動の一環として報告が行われたことをそれぞれ表しています。

★午前の部（10：30 ～ 13：00）

分科会 A　貿易・為替（I）
　　　　　　　　　　　座　長　神 戸 大 学　　丸山佐和子
　A-1　Choosing Between Multiple Preferential Tariff Schemes: Evidence from Japan's Imports
　　　　　　　　　　　報告者　南 山 大 学　　吉見　太洋
　　　　　　　　　　　討論者　慶應義塾大学　　清田　耕造
　A-2　Tariff Scheme Choice
　　　　　　　　　　　報告者　アジア経済研究所　早川　和伸
　　　　　　　　　　　討論者　学 習 院 大 学　　椋　　寛
　A-3　Machinery Production Networks and Tariff Evasion（E）
　　　　　　　　　　　報告者　慶應義塾大学大学院　Mateus Silva Chang
　　　　　　　　　　　推薦者　　　　　　　　　木村　福成
　　　　　　　　　　　討論者　一 橋 大 学　　冨浦　英一
分科会 B　貿易・為替（II）
　　　　　　　　　　　座　長　甲 南 大 学　　市野　泰和
　B-1　自由貿易協定における原産地規則と域外関税：域内国での買い手独占のケース

　　　　　　　　　　　　　報告者　帝京大学　　　溝口　佳宏
　　　　　　　　　　　　　討論者　甲南大学　　　市野　泰和
　B-2　メシュエン条約の意義
　　　　　　　　　　　　　報告者　四国大学短期大学部　蔵谷　哲也
　　　　　　　　　　　　　討論者　松山大学　　　赤木　　誠
　B-3　Trade Creation Effects of Japan's Free Trade Agreements
　　　　　　　　　　　　　報告者　慶應義塾大学　　山ノ内健太
　　　　　　　　　　　　　討論者　青山学院大学　　伊藤　萬里

分科会C　中国
　　　　　　　　　　　　　座　長　九州大学　　　石田　　修
　C-1　中国における生活関連製造業の地域間分業構造に関する実証分析
　　　　　　　　　　　　　報告者　鹿児島大学大学院　張　　秋菊
　　　　　　　　　　　　　推薦者　　　　　　　　山本　一哉
　　　　　　　　　　　　　討論者　松山大学　　　小林　拓篤
　C-2　中国の戸籍制度改革と格差
　　　　　　　　　　　　　報告者　長崎県立大学　　小原　篤次
　　　　　　　　　　　　　討論者　獨協大学　　　童　　適平
　C-3　中国の一帯一路構想は四位一体型援助の延長にあるのか
　　　　　　　　　　　　　報告者　経済産業省　　　榎本　俊一
　　　　　　　　　　　　　討論者　経済産業研究所　張　　虹咏

分科会D　多国籍企業・FDI（I）
　　　　　　　　　　　　　座　長　兵庫県立大学　　西山　博幸
　D-1　The Internationalization of Firms and Management Practices: A Survey of Firms in Vietnam（E）
　　　　　　　　　　　　　報告者　神戸大学　　　鎌田伊佐生
　　　　　　　　　　　　　討論者　関西学院大学　　東田　啓作
　D-2　陸上輸送競争力とユーラシア中央地域の立地優位性
　　　　　　　　　　　　　報告者　日本大学　　　呉　　逸良
　　　　　　　　　　　　　討論者　岡山商科大学　　駿河　輝和
　D-3　Commitment, Foreign Ownership and Multinational Firms（E）
　　　　　　　　　　　　　報告者　大阪大学　　　澤田有希子（J）
　　　　　　　　　　　　　討論者　上智大学　　　蓬田　守弘

分科会E　アジア（I）

座　長　同志社大学　　岡本由美子

E-1　Growth Enhancing Regionalism in the Southern Countries — Contrast Between the SADC and ASEAN（E）

報告者　明治大学大学院　　Ramiarison Hery Maholiso
推薦者　　　　　　　　　小林　尚朗
討論者　同志社大学　　　岡本由美子

E-2　Generals in Defense of Allocation: Coups and Military Budget in Thailand（E）

報告者　同志社大学　　　川浦　昭彦
討論者　慶應義塾大学　　大東　一郎

昼食　　　13：00〜14：15
理事会　　13：00〜14：00

★午後の部（14：15 〜 16：45）

分科会F　アジア（II）

座　長　立教大学　　　　櫻井　公人

F-1　Myanmar's Cross-border Trade with China: Beyond Informal Trade

報告者　アジア経済研究所　　久保　公二
討論者　青山学院大学　　　藤村　　学

F-2　中国とASEANの貿易・分業構造の変化

報告者　北海学園大学　　　宮島　良明
討論者　九州大学　　　　　清水　一史

F-3　韓国・社会保障形成の政治経済学―「救護行政」から「福祉革命」への軌跡

報告者　信州大学　　　　　金　　早雪
討論者　北九州大学　　　　尹　　明憲

分科会G　貿易・為替（III）

座　長　関西学院大学　　　広瀬　憲三

G-1　加重相乗平均の加重相加平均による近似〜関数電卓なしに実効為替レートは近似計算可能か〜

報告者　専修大学　　　　　小川　　健
討論者　南山大学　　　　　吉見　太洋

G-2　日本における賃金の輸出プレミア〜employer-employee dataを利用した分析〜（E）

報告者	京都大学	伊藤　公二
討論者	学習院大学	乾　　友彦

G-3　Trade and Labor Market Interactions Revisited

報告者	関東学院大学	吟谷　泰裕
討論者	福島大学	荒　　知宏

分科会 H　環境

座　長	京都大学	神事　直人

H-1　Dynamic Analysis of Pollution in a Small Open Economy

報告者	関西大学	中元　康裕
討論者	名古屋大学	柳瀬　明彦

H-2　製品環境規制のイノベーション誘引効果：マレーシア・ベトナム企業データによる計量分析

報告者	大阪大学大学院	楊　　起中
推薦者		大槻　恒裕
討論者	京都大学	神事　直人

H-3　SEEA（環境経済勘定）に基づくMRIO（地域間産業連関表）の作成・推計

報告者	横浜国立大学	氏川　恵次
討論者	松山大学名誉教授	光藤　　昇

分科会 I　多国籍企業・FDI（II）

座　長	阪南大学	井上　　博

I-1　アメリカにおける多国籍企業の企業内貿易構造の変容

報告者	宮崎大学	小山　大介（J）
討論者	島根大学	渡邉　英俊

I-2　日本自動車メーカーのグローバル戦略にいたる多国籍経営製造論の展開

報告者	名古屋工業大学	竹野　忠弘
討論者	立命館大学	板木　雅彦

★懇親会　17：00～18：30（会場：樋又キャンパス1階レストラン「ル・ルパ」）

【会員総会の議決と決定】
会員総会（第 75 回全国大会第 1 日）

　日本国際経済学会第 75 回全国大会第 1 日の会員総会は，2016 年 10 月 29 日（土）13 時 40 分〜14 時 10 分，中京大学・名古屋キャンパス 1 号館 3 階清明ホールにおいて，当日開催された理事会の提案議事に従い，石川城太会長（一橋大学）を議長として開催され，以下の議題を討議・承認・発表しました。

1. 平成 27（2015）年度事業報告について

　　石川城太会長（一橋大学）より以下の通り報告があった。

　（1）第 5 回春季大会開催（2015 年 6 月 8 日　阪南大学）

　（2）第 74 回全国大会開催（2015 年 11 月 7〜8 日　専修大学）

　（3）機関誌『国際経済（日本国際経済学会研究年報）』第 66 巻発行

　（4）機関誌『The International Economy』Vol. 18 発行

　（5）第 10 回小島清賞各賞及び第 5 回特定領域研究奨励賞（小田賞）の授賞

　（6）韓国国際経済学会への研究者の派遣

2. 平成 27（2015）年度一般会計決算案について

　　標記について遠藤正寛常任理事（慶應義塾大学）より説明があり，審議した結果，これを承認した。【「日本国際経済学会ニュース」2016 年 9 月 24 日号参照】

3. 平成 27（2015）年度特別事業活動基金決算案について

　　標記について遠藤正寛常任理事（慶應義塾大学）より説明があり，審議した結果，これを承認した。【「日本国際経済学会ニュース」2016 年 9 月 24 日号参照】

4. 平成 27（2015）年度小島清基金決算案について

　　標記について遠藤正寛常任理事（慶應義塾大学）より説明があり，審議した結果，これを承認した。【「日本国際経済学会ニュース」2016 年 9 月 24 日号参照】

5. 平成 28（2016）年度事業案について

　　標記について石川城太会長（一橋大学）より以下の通り説明があり，審議した結果，これを承認した。

　（1）第 6 回春季大会開催（2016 年 6 月 4 日　学習院大学）

　（2）第 75 回全国大会開催（2016 年 10 月 29–30 日　中京大学）

　（3）機関誌『国際経済（日本国際経済学会研究年報）』第 67 巻発行

　（4）機関誌『The International Economy』Vol. 19 発行

　（5）第 11 回小島清賞各賞及び第 5 回特定領域研究奨励賞（小田賞）の授賞

　（6）韓国国際経済学会への研究者の派遣

6. 平成 28（2016）年度一般会計予算案について

    標記について遠藤正寛常任理事（慶應義塾大学）より説明があり，審議した結果，これを承認した。【「日本国際経済学会ニュース」2015 年 9 月 24 日号参照】

7. 平成 28（2016）年度特別事業活動基金予算案について

    標記について遠藤正寛常任理事（慶應義塾大学）より説明があり，審議した結果，これを承認した。【「日本国際経済学会ニュース」2016 年 9 月 24 日号参照】

8. 内規の改正について

    標記について出版委員会委員長の古沢泰治常任理事（一橋大学）より，機関誌投稿論文の著者による審査レポートに応じた改訂は 1 年以内に行うよう，「投稿論文審査」内規および「日本国際経済学会機関誌投稿規定」を改定したことが報告された。

9. 新入会員の発表について

    標記について石川城太会長（一橋大学）より，（「日本国際経済学会ニュース」2016 年 9 月 24 日号に掲載された 24 名に加えて）当日の理事会において個人会員 7 名および法人維持会員 1 件の入会申し込みが承認されたとの報告があった。

10. 第 11 回日本国際経済学会小島清賞研究奨励賞および優秀論文賞の受賞者の発表について

    標記について石川城太会長（一橋大学）より，研究奨励賞には冨浦英一氏（一橋大学）が，優秀論文賞に佐々木啓明氏（京都大学）が，それぞれ選考されたとの発表があった。

11. 第 6 回日本国際経済学会特定領域研究奨励賞（小田賞）の受賞者の発表について

    標記について石川城太会長（一橋大学）より，大久保敏弘氏（慶應義塾大学）が選考されたとの発表があった。

12. 平成 28 年度韓国国際経済学会派遣研究者について

    標記について石川城太会長（一橋大学）より，Konstantin Kucheryavyy 氏（東京大学），吉見太洋氏（南山大学），藤森梓氏（大阪成蹊大学）の 3 氏を派遣することが発表された。

13. その他

    ・石川城太会長（一橋大学）より，入会申込書の取り扱いについて，本部事務局での受理直後に学協会サポートセンターより会費相当額の請求を行い，納入が確認され次第学会サービスの提供を開始する方法に変更されている旨，報告された。

    ・石川城太会長（一橋大学）より，近藤健児委員長（中京大学）をはじめとする第 75 回全国大会準備委員会および開催機関である中京大学のスタッフに対して謝辞が述

べられた。近藤健児委員長（中京大学）から返礼の挨拶があった。

会員総会（第75回全国大会第2日）

　日本国際経済学会第75回全国大会第2日の会員総会は，2016年10月30日（日）13時～13時30分，第1日と同じ中京大学・名古屋キャンパス1号館3階清明ホールにおいて，当日開催された理事会の提案議事に従い，中西訓嗣新会長（神戸大学）を議長として開催され，以下の議題を討議・承認・発表しました。

1. 新会長の発表について
　　石川城太前会長（一橋大学）より，中西訓嗣副会長（神戸大学）が新会長として選任されたとの発表が行われた。
2. 新副会長の発表について
　　中西訓嗣会長（神戸大学）より，理事会において古沢泰治理事（一橋大学）が新副会長として選任されたとの発表が行われた。
3. 新特命理事の発表について
　　中西訓嗣会長（神戸大学）より，斎藤哲哉氏（日本大学），柴山千里氏（小樽商科大学大学），趙 来勲氏（神戸大学）の3氏を特命理事に指名するとの発表が行われ，異議なく了承された。
4. 新常任理事の発表について
　　中西訓嗣会長（神戸大学）より，青木浩治理事（甲南大学），遠藤正寛理事（慶應義塾大学），岡本久之理事（兵庫県立大学），近藤健児理事（中京大学），櫻井公人理事（立教大学），神事直人理事（京都大学），冨浦英一理事（一橋大学），中本悟理事（立命館大学），椋 寛理事（学習院大学），蓬田守弘理事（上智大学）の10氏を常任理事に委嘱した旨の発表が行われた。
5. 新幹事の発表について
　　中西訓嗣会長（神戸大学）より，新幹事の委嘱は，各支部からの新体制移行に応じた推薦に基いて委嘱を行い，後日「日本国際経済学会ニュース」において公表するとの発表が行われた。【「日本国際経済学会ニュース」2017年1月14日号参照】
6. 新監事の発表について（審議事項）
　　中西訓嗣会長（神戸大学）より，小川英治氏（一橋大学），柳原光芳氏（名古屋大学），柴田 孝氏（大阪商業大学）の3氏を監事とすることが提案され，異議なく承認された。
7. 新本部事務局の発表について
　　中西訓嗣会長（神戸大学）より，青木浩治理事（甲南大学）研究室を新本部事務局

とするとの発表が行われた。

8. 新本部業務の役割分担について

中西訓嗣会長（神戸大学）より，常任理事・理事および幹事等の職務分担については後日委嘱・決定することとし，「日本国際経済学会ニュース」を通じて発表するとの説明が行われた。【「日本国際経済学会ニュース」2017年1月14日号参照】

9. 第7回春季大会（2017年）の開催機関について（総会決定事項）

中西訓嗣会長（神戸大学）より，松山大学を開催機関として2017年6月10日（土）に開催すること，および清野良栄氏（松山大学）を春季大会準備委員会委員長とすることが発表され，異議なく承認された。また，プログラム委員会メンバーは後日決定し，「日本国際経済学会ニュース」にて発表するとの説明が行われた。【「日本国際経済学会ニュース」2017年1月14日号参照】

10. 第76回全国大会（2017年）の開催機関について（総会決定事項）

中西訓嗣会長（神戸大学）より，斎藤哲哉特命理事（日本大学）を準備委員長として日本大学を開催機関とするとの説明が行われ，異議なく承認された。

11. 第76回全国大会「プログラム委員会」の委員長の発表について

中西訓嗣会長（神戸大学）より，椋 寛常任理事（学習院大学）をプログラム委員会委員長に委嘱することが提案され，異議なく承認された。また，残りの6名のプログラム委員については後日決定し，「日本国際経済学会ニュース」を通じて発表するとの説明が行われた。【「日本国際経済学会ニュース」2017年1月14日号参照】

12. 日本国際経済学会小島清基金運営委員会の委員長および委員の発表について

中西訓嗣会長（神戸大学）より，小島清基金運営委員会の委員長に石川城太顧問（一橋大学）を充てることが発表された。また大東一郎理事（慶應義塾大学），趙 来勲特命理事（神戸大学），浦田秀次郎氏（早稲田大学），大川昌幸氏（立命館大学），岡本久之常任理事（兵庫県立大学），木村福成顧問（慶應義塾大学）の6氏を同委員会の委員に任命すること，ならびに大東一郎理事（慶応義塾大学）に事務局長を委嘱することが発表された。

13. 日本国際経済学会特定領域研究奨励賞（小田賞）審査委員会の委員長および委員の発表について

中西訓嗣会長（神戸大学）より，規定により中西訓嗣会長（神戸大学）が特定領域研究奨励賞（小田賞）審査委員会の委員長となることが発表された。また，冨浦英一常任理事（一橋大学），椋 寛常任理事（学習院大学），柳瀬明彦監事（名古屋大学）の3氏を同委員会の委員に委嘱することが発表された。

14. 顧問の就任依頼について

中西訓嗣会長（神戸大学）より，石川城太前会長（一橋大学）を日本国際経済学会顧問に推挙することが理事会において決定されたとの報告が行われた。

【役員名簿】（2016年10月～2018年10月）

会長（定員1名）
　　中西　訓嗣（神戸大学）

副会長（定員1名）
　　古沢　泰治（一橋大学）

常任理事（定員10名）
　　青木　浩治（甲南大学）　　　　遠藤　正寛（慶應義塾大学）
　　岡本　久之（兵庫県立大学）　　近藤　健児（中京大学）
　　櫻井　公人（立教大学）　　　　神事　直人（京都大学）
　　冨浦　英一（一橋大学）　　　　中本　悟（立命館大学）
　　椋　　寛（学習院大学）　　　　蓬田　守弘（上智大学）

理事（定員24名）
　　石田　修（九州大学）　　　　　伊澤　俊泰（名古屋学院大学）
　　板木　雅彦（立命館大学）　　　伊藤　恵子（専修大学）
　　伊藤　萬里（青山学院大学）　　乾　友彦（学習院大学）
　　井上　博（阪南大学）　　　　　大川　良文（京都産業大学）
　　郭　洋春（立教大学）　　　　　小林　尚朗（明治大学）
　　小森谷徳純（中央大学）　　　　妹尾　裕彦（千葉大学）
　　大東　一郎（慶應義塾大学）　　武智　一貴（法政大学）
　　竹野　忠弘（名古屋工業大学）　田中　綾一（関東学院大学）
　　中嶋　慎治（松山大学）　　　　鳴瀬　成洋（神奈川大学）
　　西山　博幸（兵庫県立大学）　　蓮見　雄（立正大学）
　　東田　啓作（関西学院大学）　　広瀬　憲三（関西学院大学）
　　古川　純子（聖心女子大学）　　増田　正人（法政大学）

特命理事
　　齋藤　哲哉（日本大学）　　　　　柴山　千里（小樽商科大学）
　　趙　　来勲（神戸大学）

監事（若干名）
　　小川　英治（一橋大学）　　　　　柴田　　孝（大阪商業大学）
　　柳瀬　明彦（名古屋大学）

幹事（定員約 20 名）※は常任幹事
【関東支部】
　　井尻　直彦（日本大学）　　　　　伊藤　　匡（学習院大学）
　　川野　祐司（東洋大学）　　　　　清田　耕造（慶應義塾大学）
　　芹澤　伸子（新潟大学）　　　　　戸堂　康之（早稲田大学）
　　松浦　寿幸（慶應義塾大学）
【中部支部】
　　太田代（唐澤）幸雄（南山大学）　川端　　康（名古屋市立大学）
　　柳原　光芳（名古屋大学）
【関西支部】
　　伊田　昌弘（阪南大学）　　　　　市野　泰和（甲南大学）※
　　川越　吉孝（京都産業大学）　　　福井　太郎（近畿大学）
　　立石　　剛（西南学院大学）　　　松永　　達（福岡大学）
　　丸山佐和子（神戸大学）

顧問（就任順）
　　渡部福太郎（学習院大学名誉教授）　　本山　美彦（国際経済労働研究所理事長・所長）
　　池間　　誠（一橋大学名誉教授）[1]　井川　一宏（神戸大学名誉教授）
　　大山　道廣（慶應義塾大学名誉教授）[2]　関下　　稔（立命館大学名誉教授）
　　田中　素香（中央大学）　　　　　阿部　顕三（大阪大学）
　　木村　福成（慶應義塾大学）　　　岩本　武和（京都大学）
　　石川　城太（一橋大学）
　　[1] 2017 年 7 月 22 日，ご逝去されました。
　　[2] 2017 年 5 月 2 日，ご逝去されました。

出版委員会
　　委員長　　　近藤　健児（中京大学）
　　副委員長　　神事　直人（京都大学）
　　委員　　　　石田　　修（九州大学）　　　伊藤　恵子（専修大学）
　　　　　　　　乾　　友彦（学習院大学）　　小川　英治（一橋大学）
　　　　　　　　櫻井　公人（立教大学）　　　中本　　悟（立命館大学）
　　　　　　　　濱田　弘潤（新潟大学）　　　東田　啓作（関西学院大学）
　　　　　　　　増田　淳矢（中京大学）　　　山本　和博（大阪大学）

小島清基金運営委員会
　　委員長　　　石川　城太（一橋大学）
　　委員　　　　浦田　秀次郎（早稲田大学）　大川　昌幸（立命館大学）
　　　　　　　　岡本　久之（兵庫県立大学）　木村　福成（慶應義塾大学）
　　　　　　　　大東　一郎（慶應義塾大学）〈事務局長〉
　　　　　　　　趙　　来勲（神戸大学）

特定領域研究奨励賞（小田賞）審査委員会
　　委員長　　　中西　訓嗣（神戸大学）
　　委員　　　　冨浦　英一（一橋大学）　　　椋　　　寛（学習院大学）
　　　　　　　　柳瀬　明彦（名古屋大学）

その他日本国際経済学会関係者
日本経済学会連合評議員　　馬田　啓一（杏林大学）　　浦田秀次郎（早稲田大学）

【役員の業務分担】（◎印は責任者）
　　　　　　　　　　　　　【関東支部】　　　　【中部支部】　　　　【関西支部】
本部関係
〈総務担当〉
　常任理事　　　　　　　　冨浦　英一　　　　　近藤　健児　　　　　◎青木　浩治
　　　　　　　　　　　　　　　　　　　　　　　　　　　　　　　　　　岡本　久之

　理事　　　　　　　　　　蓮見　　雄
　　　　　　　　　　　　　大東　一郎
　幹事　　　　　　　　　　川野　祐司

会　報

ニュース
理事	◎郭　　洋春		西山　博幸
	伊藤　萬里		
幹事			福井　太郎

HP
常任理事	◎櫻井　公人		
理事	小森谷徳純		大川　良文
幹事	松浦　寿幸		

会員名簿
理事	◎妹尾　裕彦	伊澤　俊泰	井上　　寛
	古川　純子		広瀬　憲三
幹事	芹澤　伸子	太田代（唐澤）幸雄	伊田　昌弘

〈財務担当〉
常任理事	◎遠藤　正寛		
理事	武智　一貴	竹野　忠弘	板木　雅彦
幹事			市野　泰和
			（常任幹事）

〈編集・出版担当〉
常任理事		◎近藤　健児	神事　直人
理事	乾　　友彦		石田　　修
	伊藤　恵子		東田　啓作
幹事	清田　耕造		丸山佐和子

〈企画・渉外担当〉
常任理事	蓬田　守弘		◎中本　　悟
	椋　　　寛		
理事	鳴瀬　成洋	伊澤　俊泰	
	増田　正人		
特命理事	柴山　千里		趙　　来勲
幹事	井尻　直彦	川端　　康	

〈監査〉
監事	◎小川　英治	柳瀬　明彦	柴田　　孝

支部関係
常任理事	冨浦　英一	近藤　健児	岡本　久之

理事	小林　尚朗		中嶋　慎治
	田中　綾一		
幹事	伊藤　匡	柳原　光芳	川越　吉孝
	戸堂　康之		立石　剛
			松永　達

《各支部の活動報告》
【関東支部】
◎定例研究会
　　日時　2016 年 11 月 19 日（土）午後 2 時〜5 時
　　会場　東洋大学白山キャンパス 5 号館 3 階 5310 教室
　　報告 1　2000 年代の EU の大銀行によるクロスボーダー M&A と欧州委員会によるその擁護──米国の政策変化と米銀の大規模化との関連で
　　　　　　　　　　　　　　　　　　　　　　　　　石田　周（立教大学大学院）
　　　　　　　　　　　　　　　　　　討論者　久保　広正（摂南大学）
　　報告 2　ドル体制とグローバル・インバランス　　田中　綾一（関東学院大学）

◎定例研究会
　　日時　2016 年 12 月 17 日（土）午後 2 時〜5 時
　　会場　東洋大学白山キャンパス 5 号館 3 階 5310 教室
　　報告 1　When Trade Discourages Political Favoritism: Evidence from China
　　　　　　　　　　　　　　　　　　　　　　　　　朱　連明（早稲田大学）
　　報告 2　Factor Intensity Reversals, Revisited　清田　耕造（慶應義塾大学）

◎新春特別シンポジウム『2017 年世界経済の重要な論点』
　　日時　2017 年 1 月 21 日（土）午後 2 時〜5 時 30 分
　　会場　東洋大学白山キャンパス 5 号館 2 階 5209 教室
　　　　　　　　　　　　　　　　　　座長　古沢　泰治（一橋大学）
　　報告 1　Brexit とヨーロッパ経済　　　　田中　素香（中央大学）
　　報告 2　欧米の政治経済動向と金融政策　　白井さゆり（慶應義塾大学）
　　報告 3　反グローバリズムの台頭と揺れる世界貿易体制
　　　　　　　　　　　　　　　　　　　　　　浦田秀次郎（早稲田大学）

会　報

◎定例研究会
　日時　2017年4月15日（土）午後2時〜5時
　会場　日本大学経済学部　7号館9階　7091教室
　報告1　Exporting Sweatshops? Evidence from Myanmar　　田中　万理（一橋大学）
　報告2　北欧の「キャッシュレス化」と「キャッシュレス経済」
　　　　　　　　　　　　　　　　　　　　　　　　　　　　川野　祐司（東洋大学）

◎定例研究会
　日時　2017年5月20日（土）午後2時〜5時
　会場　日本大学経済学部　7号館9階　7091教室
　報告1　Export and Employment in China: An Input-Output Analysis
　　　　　　　　　　　　　Doan Thi Thanh Ha（Asian Development Bank Institute）
　報告2　Production location of multinational firms under transfer pricing: The impact of arm's length principle　　大越　裕史（一橋大学大学院）

◎定例研究会
　日時　2017年7月15日（土）午後2時〜5時
　会場　日本大学経済学部　7号館9階　7091教室
　報告1　The Effect of Firms' Trade on Skill Premiums through Internal Labor Market
　　　　　　　　　　　　　　　　　　　　　　　　　　　　遠藤　正寛（慶應義塾大学）
　報告2　Trade and Fishery Resources Exploitation: Empirically Analysis on Global Fisheries
　　　　　　　　　　　　　　　　　　　　　　　　　　　　藤井　孝宗（高崎経済大学）

【中部支部】
◎春季大会
　日時　2017年6月3日（土）午後2時〜
　会場　名古屋工業大学（御器所地区）4号館2階会議室3（226・232室）
　報告1　Population growth and the transfer paradox in an overlapping generations model
　　　　　　　　　　　　　　　　　　　　　　　　　　　　柳原　光芳（名古屋大学）
　報告2　リカードのi-i特化条件に関するジョーンズ＝塩沢の定理の図説
　　　　　　　　　　　　　　　　　　　　　　　　　　　　多和田　眞（愛知学院大学）

【関西支部】

◎ 2016 年度第 3 回

日時　2016 年 9 月 24 日（土）午後 3 時 00 分～5 時 00 分
会場　関西学院大学大阪梅田キャンパス 1004 教室（アプローズタワー 10 階）

第 1 報告　On the Demand for Female Workers in Japan: The Role of ICT and Offshoring

　　　　　　報告者　丸山佐和子（神戸大学）
　　　　　　討論者　大槻　恒裕（大阪大学）

第 2 報告　How Do the Average Skill and the Skill Dispersion Affect offshoring?

　　　　　　報告者　竹内　信行（神戸大学）
　　　　　　討論者　新宅　公志（京都大学）

◎ 2016 年度第 4 回

日時　2016 年 12 月 3 日（土）午後 3 時 00 分～5 時 00 分
会場　阪南大学あべのハルカスキャンパス　セミナー室 2（あべのハルカス 23 階）

第 1 報告　Subsidy Competition, Imperfect Labor Market, and the Endogenous Entry of Firms

　　　　　　報告者　森田　忠士（近畿大学）
　　　　　　討論者　東田　啓作（関西学院大学）

第 2 報告　The Impact of Business Regulations on Economic Performance of Small Firms

　　　　　　報告者　古田　　学（京都大学大学院）
　　　　　　討論者　福味　　敦（兵庫県立大学）

◎ 2016 年度第 5 回

日時　2017 年 1 月 28 日（土）午後 3 時 00 分～5 時 00 分
会場　関西学院大学大阪梅田キャンパス 1005 教室（アプローズタワー 10 階）

第 1 報告　Domestic Savings Mobilization: A Tool for Closing Savings-Investment Gap in Lao PDR

　　　　　　報告者　Kinnalone Phimmavong（立命館大学大学院）
　　　　　　討論者　駿河　輝和（岡山商科大学）

第 2 報告　Estimating Asset Price Bubbles: Volatility Approach

　　　　　　報告者　星河　武志（近畿大学）

会　報

　　　　　　　　　　討論者　山本　周吾（山口大学）

◎日本国際経済学会関西支部シンポジウム「Global Value Chain―その実態とインプリケーション―」
　日時　2017年3月18日（土）午後2時～5時
　場所　関西学院大学大阪梅田キャンパス　1405教室
　　　　　　　　　　　　　　モデレーター　中本　　悟（立命館大学）
　報告1　　国際産業連関分析とグローバル・バリュー・チェーン
　　　　　　　　　　　　　　　報告者　猪俣　哲史（日本貿易振興機構アジア経済研究所）
　報告2　　多国籍企業とグローバル・バリュー・チェーン
　　　　　　　　　　　　　　　報告者　石田　　修（九州大学）
　報告に対する討論
　　　　　　　　　　　　　　　討論者　伊田　昌弘（阪南大学）
　　　　　　　　　　　　　　　討論者　高橋　信弘（大阪市立大学）

◎2017年度第1回
　日時　2017年5月20日（土）午後3時00分～5時00分
　会場　谷岡学園梅田サテライトオフィス（グランフロント大阪タワーA（南館）16階）
　第1報告　　英国EU離脱とEU経済統合の今後
　　　　　　　　　　　　　　　報告者　髙屋　定美（関西大学）
　　　　　　　　　　　　　　　討論者　松浦　一悦（松山大学）
　第2報告　　多国籍企業による垂直的技術移転と現地中間財企業との排他条件付取
　　　　　　引契約選択の内生化
　　　　　　　　　　　　　　　報告者　大川　良文（京都産業大学）
　　　　　　　　　　　　　　　討論者　大川　昌幸（立命館大学）

◎2017年度第2回
　日時　2017年7月22日（土）午後3時00分～5時00分
　会場　関西学院大学大阪梅田キャンパス1004教室（アプローズタワー10階）
　第1報告　　Automation, Human Capital and Welfare: The Stochastic Uzawa-Lucas
　　　　　　Approach
　　　　　　　　　　　　　　　報告者　坪井美都紀（兵庫県立大学大学院）

　　　　　　　　　　　　　　討論者　後閑　洋一（立命館大学）
　第 2 報告　　Unilateral Emission Tax in the Presence of Entry of Foreign Firms in an Open Economy
　　　　　　　　　　　　　　報告者　東田　啓作（関西学院大学）
　　　　　　　　　　　　　　討論者　杉山　泰之（福井県立大学）

【九州・山口地区研究会】
◎ 2016 年度第 1 回研究会
　日時：2016 年 9 月 1 日（土）14：00～17：30
　会場：西南学院大学中央キャンパス学術研究所
　第 1 報告　　ジニ係数からみる京津冀地域の環境不平等
　　　　　　　　　　　　　　報告者　申　偉寧（佐賀大学大学院）
　　　　　　　　　　　　　　討論者　日野　道啓（鹿児島大学）
　第 2 報告　　1980 年代から始まった日米貿易摩擦の歴史と現下の日本経済長期停滞の関連
　　　　　　　　　　　　　　報告者　伏見　一彰
　　　　　　　　　　　　　　討論者　松永　達（福岡大学）
　第 3 報告　　'Texas Economic Miracle' について
　　　　　　　　　　　　　　報告者　立石　剛（西南学院大学）
　　　　　　　　　　　　　　討論者　石田　修（九州大学）

◎ 2016 年度第 2 回研究会
　日時：2016 年 12 月 26 日（月）14：00～17：30
　会場：西南学院大学東キャンパス西南コミュニティセンター
　第 1 報告　　カンボジアの所得格差拡大とその原因
　　　　　　　　　　　　　　報告者　タッチ・ラスメイ（佐賀大学大学院）
　　　　　　　　　　　　　　討論者　松石　達彦（久留米大学）
　第 2 報告　　書評報告「オバマ経済政策を総括する：河音琢郎・藤木剛康編著『オバマ政権の経済政策―リベラリズムとアメリカ再生のゆくえ―』（ミネルヴァ書房）に依拠して」
　　　　　　　　　　　　　　報告者　立石　剛（西南学院大学）
　第 3 報告　　金融化と多国籍企業―国際生産体制からグローバル生産体制への変容

に関連して―
報告者　石田　　修（九州大学）
討論者　佐々木　昇（福岡大学）

◎ 2017 年度第 1 回研究会
　　日時：2017 年 5 月 20 日（土）15：00～17：00
　　会場：西南学院大学東キャンパス西南コミュニティセンター
　　シンポジウム「反グローバリゼーションの中の世界経済：米国と欧州の動向を踏まえて」
〈個別報告〉
　第 1 報告　　　トランプ政権下のアメリカ経済
　　　　　　　　　　　　　　　　　　　　　　報告者　本田　浩邦（獨協大学）
　第 2 報告　　　ヨーロッパ：統合がもたらした分裂
　　　　　　　　　　　　　　　　　　　　　　報告者　松永　　達（福岡大学）
〈パネルディスカッション〉
　　　　　　　　　　　　　　　　　　　司会　石田　　修（九州大学）
　　　　　　　　　　　　　　　　　　　　　　岩田　健治（九州大学）
　　　　　　　　　　　　　　　　　　　　　　立石　　剛（西南学院大学）
　　　　　　　　　　　　　　　　　　　　　　本田　浩邦（獨協大学）
　　　　　　　　　　　　　　　　　　　　　　松永　　達（福岡大学）

【本部・各支部事務局所在地】
　【本　部】　日本国際経済学会　本部事務局
　　　　　　〒658-8501　神戸市東灘区岡本 8-9-1
　　　　　　甲南大学経済学部　青木浩治研究室気付
　　　　　　Tel: 078-435-2393（研究室直通）
　　　　　　Fax: 078-435-2543（経済・法・経営合同事務室）
　　　　　　E-mail: head-office@jsie.jp
　【関東支部】　日本国際経済学会　関東支部事務局
　　　　　　〒108-8345　東京都港区三田 2-15-45
　　　　　　慶應義塾大学産業研究所　清田耕造研究室気付
　　　　　　Tel: 03-5427-1480（研究室直通）Fax: 03-5427-1640（事務室）

E-mail: kiyota@sanken.keio.ac.jp

【中部支部】　日本国際経済学会　中部支部事務局
　　　　　　〒 464-8601　名古屋市千草区不老町
　　　　　　名古屋大学大学院経済学研究科　柳原光芳研究室
　　　　　　Tel: 052-789-5952（研究室直通）Fax: 052-789-5952
　　　　　　E-mail: jsie.chubu@gmail.com

【関西支部】　日本国際経済学会　関西支部事務局
　　　　　　〒 603-8555　京都市北区上賀茂本山
　　　　　　京都産業大学経済学部　川越吉孝研究室気付
　　　　　　Tel: 075-705-3038（研究室直通）
　　　　　　E-mail: jsie-west@cc.kyoto-su.ac.jp

【日本国際経済学会ホームページ】
　　　　　　https://www.jsie.jp/

【学協会サポートセンター】
　　　　　　〒 231-0023　横浜市中区山下町 194-502
　　　　　　Tel: 045-671-1525　Fax: 045-671-1935
　　　　　　E-mail: scs@gakkyokai.jp

【学協会サポートセンターホームページ】
　　　　　　http://www.gakkyokai.jp/

会 報

日本国際経済学会　会則

［1950年6月2日制定，略，1994年10月16日改正，2000年10月22日改正，2001年10月20日改正，2003年10月5日改正，2008年10月11日改正，2010年10月16日改正］

（名称）
第1条　本会は日本国際経済学会 The Japan Society of International Economics と称する。
（目的）
第2条　本会は国際経済の理論，政策，実情に関する研究およびその普及をはかることを目的とする。
（事業）
第3条　本会は研究報告会，シンポジウム等の開催，機関誌および出版物の刊行，内外学会の連絡，その他本会の目的を達成するために適当と認められる諸事業を行う。
（会員）
第4条　本会に入会しようとする者は，本会の目的とする研究に従事する者（大学院博士課程または同後期課程在籍者を含む）で，会員1名の推薦により所定の申込書をもって理事会に申込み，その承認を得なければならない。
　2　会員は所定の会費を納入しなければならない。
　3　会員は研究報告会，シンポジウム等に出席し，また機関誌の配布を受け，これに投稿することができる。
（維持会員）
第5条　本会の目的に賛同し事業の達成を援助するため，所定の維持会費を納入する法人を維持会員とする。
　2　維持会員は本会出版物の配布を受け，維持会員の法人に所属する者は，本会の研究報告会，シンポジウム等に出席できる。
（会費）
第6条　本会の会費は次の通りとする。
　　　　正会員　　　　　年九千円
　　　　学生会員　　　　年五千円
　　　　法人維持会員　　年一口（三万円）以上
　2　継続して3年間会費の払込みがない場合，会員資格を失うものとする。

（役員）

第7条　本会の会務執行のため理事若干名，会計監査のため監事若干名を置く。
  2　本会を代表するため会長1名を置く。会長は理事会において構成員の互選により選任される。
  3　会長の職務を補佐するため副会長1名を置く。副会長は理事会において構成員の互選により選任される。
  4　常務執行のため常任理事若干名を置く。常任理事は理事の中から会長が委嘱する。
  5　理事会は，研究報告会等の開催，機関誌の編集発行，会員名簿の整備，会計等の日常会務を補助するため会員の中から幹事若干名を委嘱し，その中の1名を本部常任幹事とする。
  6　本会に顧問を置く。理事長または会長の経験者を顧問とする。
  7　理事として選出理事と特命理事を置く。選出理事の選出は，会員による直接選挙をもって行う。その選出方法の詳細は別に定める内規に準拠する。特命理事は，会長が若干名指名する。
    選出理事，特命理事の任期は1期2カ年とする。重任を妨げない。ただし，会長および副会長の任期は2期を超えないものとし，原則として1期とする。
  8　監事の選任は，会長が候補者を選考し，会員総会において決定する。
    監事の任期は1期2カ年とする。重任を妨げない。

（理事会）

第8条　理事および監事を理事会構成員とする。
  2　会長は，理事会を主催する。
  3　理事会は，本会の事業および運営に関する事柄を企画立案して会員総会に諮り，または報告しなければならない。
  4　理事会は，原則として毎年1回開催する。ただし，必要に応じて，会長は年複数回の理事会を招集することができる。
  5　理事会は，理事会構成員の過半数の出席（委任状を含む）により成立する。
  6　理事会の決定は，出席者の過半数の同意があったときとする。賛否同数のときは，会長が決定する。
  7　本会の事務執行に必要な細目は理事会がこれを定める。
  8　理事会が特に必要とする場合には，幹事は意見を述べることができる。
  9　顧問は理事会に出席し，求めに応じて意見を述べることができる。
  10　日本国際経済学会から推薦された日本経済学会連合評議員が日本国際経済学会の

理事会構成員でない場合には，日本経済学会連合に関する活動報告および関連する問題の討議のため，理事会への出席を要請する。

（会員総会）

第9条　本会は毎年1回会員総会を開く。理事会が必要と認めたときは，臨時会員総会を開くことができる。

　2　会員総会の議長は，その都度会員の中から選出する。

　3　会員総会は，本会の事業活動の決定，決算・予算の審議確定，監事の選任等を行うとともに，担当理事および監事から会務について報告を受ける。

　4　会員総会における決定は，出席会員の過半数の同意があったときとする。可否同数の場合は議長の決定に従う。

（地方支部および地方支部役員会）

第10条　各地方支部は，その支部に属する理事，監事，幹事，顧問をもって構成する支部役員会を置き，支部の諸事業活動を行う。

　2　新たに支部を設けるときには，支部規約を添付して理事会に申し出，承認をえなければならない。

（経費）

第11条　本会の経費は，会費，維持会費，補助金，寄付等により支弁する。

（会則の変更）

第12条　本会会則の変更は理事会で決定の上，会員総会の決議による。

（その他）

第13条　本会の事務所は理事会が定める。

　2　本会の名誉を毀損する行為があると認知された場合，理事会の決定により当該会員を除名することがある。

　3　学会本部および各地方支部はプライバシー保護のため，会員に関する記録は厳重に保管し，原則として会員名簿の貸出はしない。

「役員・本部機構」内規

［1994年10月16日決定，略，2003年10月5日改正，2010年7月17日改正］

［役員の種類］

1. 本会の役員
    1) 理事，監事，幹事，顧問を役員とする。理事の中から会長，副会長および常任理事を選任する。
    2) 理事および監事が理事会を構成する。
    3) 常任理事，理事，監事，幹事の人数は，理事会で審議した後，会員総会において決定される。
    4) 顧問以外の役員は，本部関係および各支部関係につき，それぞれの会務を分担する。
2. 会長
    1) 会長は，理事会において互選により決定される。互選は原則として副会長の会長としての信任投票の形で行う。
    2) 会長は，本会を代表してその会務を統括し，理事会では議長となる。
3. 副会長
    1) 副会長は，理事会において互選により決定される。
    2) 副会長は，会長を補佐し，会長に事故がある時は，その職務を代行する。
    3) 副会長は，原則として次期会長に選任される。
4. 理事・常任理事
    1) 理事として選出理事と特命理事を置く。
    2) 理事は，選出理事，特命理事ともに，正会員の中から選出・指名される。
    3) 選出理事の選出は，会員による直接選挙をもって行う。特命理事は，会長が指名する。特命理事は，理事会における正副会長の選任には関与できないが，それ以外の会務については選出理事と同等の資格を有するものとする。
    4) 常任理事は，理事の中より，会長が若干名を指名する。
    5) 常任理事および理事は，「常任理事・理事の職務分担内規」に定める会務および総会の議決する会務を執行する。
5. 監事
    1) 監事の選任は，会長が候補者を選考し，会員総会において決定する。
    2) 監事候補者は，正会員の中から選出される。

3）監事は，理事会における正副会長の選任には関与できないものとする。
4）監事は，本会の会計を監査する。
6. 幹事
1）常任理事・理事の任務を補佐するため，幹事若干名をおく。
2）幹事は，正会員の中から，常任理事・理事の推薦により，会長が任命する。
3）会長は，幹事の任命について理事会に報告し，了承を得るものとする。
4）幹事は，理事会の要請があるとき理事会に出席し，意見を述べることができる。
7. 顧問
1）顧問は理事会において決定される。
2）会長経験者を顧問候補者とする。ただし，役員定年までであれば，会長経験者が理事・監事候補者に選ばれることは妨げない。
3）顧問は理事会に出席し，議長の求めに応じて意見を述べることができる。
4）顧問の身分は，本人からの申し出がない限り，終身とする。
8. 役員就任承諾書
1）役員を決定したときは役員就任承諾書を送付し，就任承諾の返事を求める。
2）所属機関における重職就任，海外出張，病気療養等のため，長期にわたって本会の職務を分担できない場合は，理事，監事，幹事の就任を遠慮していただくことを明記する。

［役員数］
1. 役員（顧問を除く）の人数は次の通りとする。

会長	1名
副会長	1名
常任理事	10名
＊理事（選出理事）	36名（会長，副会長および常任理事を含む）
＊理事（特命理事）	若干名
＊監事	若干名
常任幹事	1名
＊幹事	約20名

以上合計（＊印）約60名

2. 役員（顧問を除く）の支部別配分は，支部別の会員数のほか，支部活動に必要な基本的役員数，本部事務局の担当，等を考慮の上，関東，中部，関西の3支部役員会の合議によって決定する。

支部別選出理事数は，当面，関東20名，中部3名，関西13名とする。支部別常任理事数は，当面，関東5名，中部1名，関西4名とする。特命理事は支部別理事定員の枠外とする。支部別監事数は，各支部1名ずつとする。

3. 一機関の役員数
　1）同一機関からの選出理事は2名を上限とする。選出理事，監事，幹事を合わせ，原則として同一機関から2名を上限とする。
　2）本部事務局および支部事務局の担当機関については，選出理事，幹事（ただし，常任理事をのぞく）を合わせ，3名まで選出することができる。
　3）会長は正会員の中から特命理事を若干名指名することができる。特命理事は，本部事務局機関・全国大会主催機関としての業務を担ってもらうため，選出理事として女性・外国人が選出されなかったときの手当のため，地方・若手会員などとの情報・意見交換の必要性を満たすため，その他本会の活動上の必要性を満たすために，指名することができる。特命理事は，同一機関選出理事数限度枠にしばられない。また，役員改選年でないときでも指名することができる。その場合，任期は会長の任期に準ずるものとする。

[役員就任の年齢]
　顧問を除く役員は，役員就任の際，その改選年の3月31日現在で65才未満の者とする。

[役員の任期]
　1）役員（顧問を除く）の任期は2年とする。
　2）会長および副会長の任期は，原則として1期2年とする。事情により再選されることができる。3選されることはできない。
　3）その他の役員は，定年規定の範囲内で，重任できる。
　4）任期途中に選出された役員の任期は，当該任期の残存期間とする。

[役員の退任・補充]
　1）役員は，任期満了により退任する。（前出の[役員の任期]を参照）
　2）その他，次の場合に任期途中の退任を認める。なお，退任の事実は速やかに，全役員に通知されなければならない。
　　①役員から，公私のやむをえない理由により本学会での職務分担が不可能のため役員を辞退したい旨，文書により申出があった場合
　　②役員が死去した場合
　　③支部幹事校の移転にともなって幹事の交代が必要となる場合
　3）役員選考年でないときも，理事会構成員に欠員が生じた場合，これを補充す

ることができる。ただし，選出理事の補充は，別に定める内規にもとづき，直接選挙における次点得票者をもっておこなうこととする。

[理事会]
1. 理事会の開催と役割
理事会は，会長の招集により開催し，本会の目的の遂行に関する重要事項を審議する。
　（1）次の事項については，総会の承認を必要とする。
　　　1) 事業計画（研究報告全国大会，シンポジウム，講演会，機関誌発行，会員名簿発行，その他出版，内外学会との学術交流，学会記念事業，外国人学者招聘講演，等）
　　　2) 予算
　　　3) 決算
　　　4) 顧問を除く役員の人数
　　　5) 監事の選任
　　　6) 年会費
　　　7) 会則変更
　　　8) その他重要事項
　（2）次の事項は，理事会が決定する。結果は，会員総会に報告する。
　　　1) 入会者
　　　2) 会長・副会長・常任幹事・幹事
　　　3) 役員の職務分担
　　　4) 各種の細則・内規・申合せ
　　　5) 日本経済学会連合の補助事業への推薦者
　　　6) その他，会員総会の承認を要しない経常的業務
　（3）次の職務につく者は，会長が指名する。
　　　1) 日本経済学会連合評議員
　　　2) 日本経済学会連合の英文年報の執筆者
　　　3) 特命理事
　　　4) 選出理事選挙の選挙管理委員
2. 決定方法
理事会の議決は，出席の理事会構成員の議決権（委任状を含む）の過半数によって決する。

3. 文書による決定の場合

　緊急の決定を要する案件が生じた場合，会長は，文書で全理事会構成員に諮った上，過半数の賛同をえて決定することができる。ただし，理事会において追認をえなければならない。

［会員（個人および法人維持会員）］

　入会資格等は，「会員資格」内規の定めるところによる。

［会員総会］

1) 会員総会は正会員によって構成される。
2) 総会は，次の事項を議決する。
    1. 事業計画および事業報告の承認
    2. 予算，決算の承認
    3. 顧問を除く役員の人数
    4. 監事の選任
    5. 年会費に関する事項
    6. 「特別事業活動基金」に関する事項
    7. 会則の変更に関する事項
    8. その他，理事会で必要と認めた事項
3) 通常総会は毎年1回開催する。理事会は必要と認めたときは，臨時総会を開催できる。
4) 総会の議決には，出席正会員の議決権の過半数の賛成を要する。

［事務局］

1. 本部事務局
    1) 本会に本部事務局を置く。
    2) 本部事務局の所在地は，理事会が定めるが，原則として会長が所属する機関とする。
    3) 本部事務局は，常任理事・理事若干名および幹事若干名で運営する。
    4) 本部事務局の出納を担当する幹事を「常任幹事」とよぶ。
2. 支部事務局
    1) 関東支部，中部支部，関西支部を置き，それぞれ支部事務局を置く。中部支部は愛知県，岐阜県，三重県，石川県，富山県，福井県の範囲とし，中部支部より東の地域を関東支部，西の地域を関西支部とする。
    2) 支部事務局は，各種の支部事業を行う。

会　報

「常任理事・理事の職務分担」内規

［1993 年決定，1994 年 10 月 16 日改正，2001 年 10 月 20 日改正，2010 年 7 月 17 日改正，
2012 年 10 月 13 日改正］

［本部関係］

　常任理事・理事の職務分担は次のとおりとするが，各職務につき，常任理事若干名と理事若干名が協力して業務を遂行する。常任理事の 1 名が責任者となる。各責任者は，業務の繁忙程度によって幹事の増員を会長に依頼できる。

（a）総務担当

　①理事会，会員総会における審議事項の整備

　②各支部事務局との連絡

　③名簿整備

　④入会申込受付と資格チェック

　⑤学会内外の諸通知

　⑥学会記録

　⑦学協会サポートセンターへの委託業務の管理

　⑧機関誌掲載の会報記事

　⑨日本経済学会連合評議員の選出事務

　⑩日本経済学会連合の補助事業への推薦決定事務

　⑪その他，総務に関することがら

（b）財務担当

　①年会費徴収状況の把握

　②収入管理

　③支出管理

　④決算書の作成

　⑤予算案の作成

　⑥監事への監査依頼

　⑦その他，財務に関することがら

（c）編集・出版担当

　①機関誌の発行（年 2 回）

　②全国大会報告論文集め

　③投稿論文の募集

④共同研究書の出版
　　⑤世界経済研究協会との機関誌の発行部数・単価の相談
　　⑥その他，編集・出版に関することがら
（d）企画・渉外担当
　　①シンポジウム開催
　　②講演会開催
　　③外国人学者招聘講演
　　④外国人学者招聘の交渉
　　⑤共同研究
　　⑥学会記念事業（出版，その他）
　　⑦内外学会との学術交流
　　⑧法人維持会員の開拓
　　⑨その他
（e）全国大会（プログラム委員会）担当［任期1年］
　　「全国大会運営」内規のうち，プログラム委員会に関する規定を実践する。
（f）その他，記念事業等の大規模企画については，その都度担当を決める。

［支部関係］

　支部の研究報告・シンポジウム・講演会等の事業，および支部運営に関する諸会務を担当する役員若干名をおく。本部関係の職務を兼務することができる。
　職務分担は各支部の自主性に任せるが，一般的に，次のような職務がある。支部事務局は，総務および財務を兼務するものとし，場合によっては企画担当にも参加する。
　（a）総務担当　　　学協会サポートセンターへの依頼の如何にかかわらず，支部の研究報告会・大会／総会・シンポジウム・講演会等の通知。支部役員会の招集・議題・議事録，本部との連絡，等。
　（b）財務担当　　　決定した運営費を本部から受取り，支部活動に支出する。
　（c）監査担当　　　支部会計を監査。
　（d）企画担当　　　研究報告会，支部大会・総会，シンポジウム，講演会等のテーマ・報告者・討論者および会場の決定。
　（e）全国大会担当　当該支部に全国大会開催機関が決定した場合，上記プログラム委員会の委員となる。

会 報

「出版委員会の役割」内規

［1994 年 10 月 15 日会員総会決定，2001 年 10 月 20 日改正，2004 年 10 月 10 日改正，
2010 年 7 月 17 日改正］

1. 出版委員会の設置
   (1) 機関誌および出版物の刊行に関する業務を行うため出版委員会を置く。
   (2) 出版委員会は，12 名の正会員で構成される。
   (3) 日本国際経済学会会長は，役員の中から出版委員会の委員長と副委員長を指名する。会長，委員長，副委員長が合議の上，残り 10 名の委員を指名する。
   (4) 委員指名の際には，前の期の出版委員会委員長および同副委員長を協議に加え，アドバイスを受けることができる。
   (5) 委員の任期は 2 年とする。事情により任期途中で交代することができる。任期途中での交代を希望する者は，委員長または同副委員長に申し出ることとする。
2. 出版委員会の組織
   (1) 委員長と副委員長のいずれか一方が機関誌 The International Economy の編集責任者となり，他方が『国際経済』の編集責任者となる。
   (2) 編集責任者の出版関連事務を補佐するため幹事 2 名をおく。
   (3) 投稿論文審査を行うため，編集責任者は，委員の中から審査責任者を選出する。
3. 出版委員会の役割
   (1) 出版委員会は，本部事務局と連携して，機関誌（The International Economy および『国際経済』）の発行に関わる以下の業務を行う。
      1) 機関誌に掲載する論文・記事等の決定および機関誌の編集。
      2) 全国大会共通論題報告者および共通論題討論者への原稿提出依頼。
      3) 投稿論文の募集および投稿の勧奨。
      4) 投稿論文の審査および採否の決定。
      5) 依頼論文を掲載する場合の執筆者の選定と執筆依頼。
      6) 会報記事等の執筆依頼。
      7) 印刷・編集会社との連絡。
      8) その他，機関誌の発行に関連して必要とされることがら。
   (2) 出版委員会は，日本国際経済学会の臨時の出版物の刊行に必要とされる業務を行う。

「投稿論文審査」内規

[1994 年 10 月 15 日会員総会決定，2000 年 10 月 21 日改正，2004 年 10 月 10 日改正，
2010 年 7 月 17 日改正，2016 年 6 月 4 日改正]

1. 編集責任者は，投稿を受け付けた論文（投稿論文）を審査に付すか否かについて決定する．
2. 編集責任者が明らかに審査に値しないと判断して不採択とした場合，その結果を速やかに投稿者に通知する．
3. 投稿論文を審査に付すことを決定した場合，編集責任者は，投稿論文のテーマ・内容に配慮しつつ，出版委員会委員の中から当該論文の審査を担当する審査責任者 1 名を選任する．
4. 審査責任者は，原則として 1 名の匿名の審査員を選任する．審査責任者は，審査員選任の結果を編集責任者に通知する．
5. 審査責任者は，審査員に対して，2 カ月を目処に所定の様式による「審査報告書」を提出するよう依頼する．
6. 審査責任者は，審査報告書の督促や論文原稿の手直しの要求等を含めて，審査過程における審査員および投稿者へのいっさいの連絡を担当する．
7. 投稿者による論文原稿の手直しは，審査責任者からの改訂要求日から 1 年に限り有効とする．
8. 審査責任者は，審査員から提出される「審査報告書」に基づいて所定の様式による「審査結果」をとりまとめ，編集責任者に送付する．当該「審査結果」は編集責任者が出版委員会の記録として保存し，次期出版委員会に引き継ぐ．
9. 編集責任者は，審査責任者より送付された審査結果に基づいて当該投稿論文の採否を決定する．また，決定の結果を速やかに投稿者へ採否の結果を通知する．
10. 審査に関するクレーム等に対しては，編集責任者と審査責任者とが連携して対処する．
11. 審査員および審査責任者に対して，担当した投稿論文 1 件ごとに謝礼を支払う．謝礼の金額については理事会において別途定める．
12. 投稿論文審査にかかる通信連絡費等の必要経費については，実費を支給する．

[注] 審査員および審査責任者への報酬は 1 人 1 万円とし，編集責任者からの通知を受けて本部事務局が支払う．通信連絡費等必要経費の実費については，審査員，審査責任

者および編集責任者が自己の出費を領収書とともに本部事務局に通知し，本部事務局が各人に支払う．

「選出理事選考」内規

［2003年10月5日会員総会決定，2012年10月13日改正，2013年10月12日改正］
［選挙による選出理事選任］
1. 選出理事は会員による直接選挙によって選任する．

［選挙権］
1. 正会員と学生会員は，選出理事選任のための選挙において選挙権を有する．

［被選挙権］
1. 選挙によって選任される選出理事は，役員改選年の3月31日時点で満65歳未満の正会員とする．

［選挙の方法］
1. 選挙は，全国を一区とした会員による無記名投票によっておこなう．
2. 各会員は，支部の所属を問わず，本学会における全国全ての正会員の中から8名を選んで投票する．
3. 総数で9名以上を記入した投票は全体を無効とする．また同一の者の複数記入については1票と計算する．被選挙権を有しない者への投票は無効とする．連記の定員に満たない投票はすべて有効とする．
4. 下に定める支部別選出理事数枠にそって，得票上位者から支部別に当選としていく．ただし，同一機関からの選出理事数は2名を上限とする．また，最下位者が同一得票の場合には抽選によって決定する．
5. ただし，最低必要得票数を2票とし，それを下回る場合には当選としない．

［支部別選出理事数］
1. 支部別選出理事数は，支部別会員数と概ね比例配分とする．
2. したがって，「役員・本部機構」内規にあるように，当面，関東20名，中部3名，関西13名とする．役員改選年の前年の理事会において，支部別選出理事数を確定する．

［選挙管理委員会］
1. 選挙は，会長の指名する選挙管理委員3名によって構成される選挙管理委員会に

よっておこなわれる。
2. 選挙管理委員会は，役員改選年の7月末までに選出理事選挙の作業を終え，その結果を会長に報告する。

[補充理事選考委員会]
1. 上の投票によって支部別理事の定員を充足できない場合は，補充理事選考委員会を設置し，合議によって理事を補足選考する。
2. 補充理事選考委員会は，支部別会員数に鑑み，当面，会長の指名する関東・関西支部所属の顧問各1名および支部別得票高位者の中から6名（関東3名，中部1名，関西2名）の合計8名からなるものとする。

[女性・外国人理事および特命理事]
1. 上の投票によって女性理事，外国人理事が選任されなかった場合には，会長が原則として各1名を特命理事として指名する。
2. その他の特命理事は，会長が選挙結果を考慮して，理事の地域間，世代間分布のバランス，その他，本会の活動上必要と認めた場合に指名する。
3. 特命理事は支部別理事定員の枠外とする。

[選出理事の補充]
1. 「役員・本部機構」内規にしたがって選出理事が就任を承諾しなかった場合，任期途中で退任した場合には，各支部別選出理事枠にしたがい，最低必要得票数を満たす次点の者を選出理事とする。
2. 補充された選出理事の任期は，退任選出理事の当初の任期の残存期間とする。

「全国大会運営」内規

[1991年10月12日会員総会決定，略，2005年10月16日改正，2012年10月13日改正，2014年10月25日改正]

1. 全国大会の開催希望の申出と開催機関の決定
   (1) 開催希望機関は，学会本部へ毎年7月末までに申し込む。
   (2) 開催機関の決定は，申し込みの有無にかかわらず理事会で行う。
2. 全国大会準備委員会の設置
   (1) 開催機関に全国大会準備委員会を設置する。

（2）全国大会準備委員会は，開催機関および開催地域支部の会員で構成する。
　　（3）開催機関所属の理事1名を全国大会準備委員会の委員長とする。
3．全国大会準備委員会の役割
　全国大会準備委員会は以下の事項に関する作業を行う。
　　（1）全国大会会場の設営。
　　（2）全国大会プログラムの編集・印刷・発送等。
　　（3）全国大会報告要旨集の編集・印刷・発送等。
　　（4）全国大会運営に関連して行われる学会会員との諸連絡。
　　（5）その他，全国大会運営に必要とされる事務。
4．プログラム委員会の設置
　　（1）プログラム委員会を設置する。
　　（2）プログラム委員会は，役員6名および一般の正会員若干名で構成し，前年度理事会において会長と開催機関責任者が合議の上指名する。
　　（3）プログラム委員のうち1名は，開催機関から選出する。
　　（4）役員6名の委員は，開催地域支部から3名，その他の支部から3名とする。
　　（5）プログラム委員会に委員長をおく。委員長は，前年度理事会において会長と開催機関責任者が合議の上，役員6名の委員の中から指名する。
　　（6）プログラム委員会の中に，自由論題分科会に関する分野別の担当者をおく。
5．プログラム委員会の役割
　プログラム委員会は以下の事項に関する決定を行う。
　　（1）共通論題のテーマ，報告者，コメンテーター，および座長。
　　（2）自由論題の分科会のテーマと数，報告者，コメンテーター，および座長。
　　（3）特別報告・日韓セッションの報告者，コメンテーター，および座長。
　　（4）全国大会プログラムの全体の構成。
6．共通論題報告
　　（1）プログラム委員会は，共通論題報告の申込者に対して，「報告概要（1,000字程度）」の提出を求める。
　　（2）プログラム委員会は，共通論題報告の申込みの有無にかかわらず，国内外の研究者に対して共通論題報告あるいは特別報告を依頼できる。この場合，報告概要の提出は不要とする。
　　（3）プログラム委員会は，本学会会員以外の研究者に共通論題報告に対するコメンテーターを依頼できる。

7. 自由論題報告
    (1) プログラム委員会は，自由論題の報告者数・分科会数を決定する際，分科会数を適正に保つとともに，報告について十分な討論を保証するよう報告者数を調整する。
    (2) プログラム委員会は，自由論題報告の申込みの有無にかかわらず，正会員に対して自由論題報告を依頼できる。
    (3) プログラム委員会は，本学会会員以外の研究者に自由論題報告に対するコメンテーターを依頼できる。
    (4) 報告申込みにあたっては，「報告概要（1,000字程度）」の提出を求める。
    (5) 報告推薦は被推薦者の了承を得た上で行うこととする。
8. 学生会員の全国大会報告
   学生会員は，指導教員または正会員からの推薦があり，プログラム委員会がそれを認めた場合には，全国大会報告が可能である。その場合，推薦者本人の了承を得た上で，報告申込の際に推薦者名を記載し，プログラムにも推薦者名を併記する。

「会員資格」内規

［2001年10月20日制定］

本会会則第4条，第5条，第6条に関して以下の内規を定める。
（会員の種類）
第1条　会員は，個人会員と法人維持会員とする。
第2条　個人会員は，正会員と学生会員とする。
第3条　学生会員は，学生の身分を有する者とする。
（入会資格）
第4条　個人会員への入会資格は，本会の目的とする研究に従事する次のものとする。
    (1) 大学等の教育・研究機関に勤務する者および勤務を経験した者
    (2) 大学院博士（後期）課程またはそれに準じる課程の在籍者および修了者
    (3) 企業・団体等に所属する研究者（少なくとも単独著・共著の研究論文は公表していること）
    (4) その他（所属を希望する支部役員会において (1)，(2)，(3) に準じる資格を

有すると認められた者）
第5条　法人維持会員としての入会資格は，本会会則第5条に適合する法人とする。
（入会手続き）
第6条　入会を希望する個人は，本会所定の「入会申込書」を学会本部に提出する。
第7条　法人維持会員は，本会所定の「入会申込書」を学会本部に提出する際，申込み団体の概要を記載したパンフレット等を添付する。
（退会）
第8条　退会を希望する会員は，退会希望を文書などにより学会本部に通知しなければならない。
第9条　継続して3年間会費の払込みがない場合，会員資格を失うものとする。
（所属支部）
第10条　個人会員は支部に所属する。
第11条　所属機関の所在地と会員の住所が別の支部に分かれている場合，所属支部はそのどちらかを選択することができる。
第12条　中部支部は愛知県，岐阜県，三重県，富山県，石川県，福井県の範囲とし，中部支部より東の地域を関東支部，西の地域を関西支部とする。
（再入会）
第13条　再入会の申込みは「再入会」であることを明示しなければならない。
第14条　再入会希望者は，入会申込書に加えて，過去の退会時の未納会費を支払わなければならない。

「日本国際経済学会小島清基金の運営」

［2005年10月16日会員総会決定，2007年10月7日改正，2010年7月17日改正］

（小島清基金の設置）
1. 小島清顧問の寄付に基づき，日本国際経済学会内に小島清基金（以下「基金」という。）を設置する。
2. 基金は，日本国際経済学会小島清賞を授与することおよび国際経済の研究に資する事業として必要と認められたものを支援することを目的とする。
3. 日本国際経済学会内に小島清基金運営委員会を設置し，基金の運営にあたる。基

金の管理は本部事務局において行う。

(日本国際経済学会小島清賞)

4. 日本国際経済学会小島清賞は，日本国際経済学会小島清賞研究奨励賞および日本国際経済学会小島清賞優秀論文賞とする。
5. 日本国際経済学会小島清賞研究奨励賞は，日本国際経済学会会員のうち国際経済に関する学術研究において特に優れた業績を上げた者であって，さらなる研究の奨励に値する者に対して授与する。
6. 日本国際経済学会小島清賞優秀論文賞は，日本国際経済学会会員であって，日本国際経済学会機関誌に掲載された論文のうち特に優れた論文の著者に対して授与する。
7. 受賞者には，賞状及び副賞を総会において授与する。副賞は，日本国際経済学会小島清賞研究奨励賞については100万円，日本国際経済学会小島清賞優秀論文賞については10万円とする。
8. 日本国際経済学会小島清賞の選考は毎年行う。
9. 日本国際経済学会小島清賞の選考は小島清基金運営委員会が行う。

(小島清基金運営委員会)

10. 小島清基金運営委員会は，日本国際経済学会小島清賞の選考その他基金による事業を実施する。
11. 小島清基金運営委員会の委員長は，直前の日本国際経済学会会長をもって充てる。
12. 委員は6名とし，日本国際経済学会会長および各支部役員会の意見を聴いて，委員長が任命する。
13. 委員長及び委員の任期は2年とする。
14. 小島清基金運営委員会に事務局を置く。事務局長は委員のうち1名を持って充て，委員長が委嘱する。
15. 小島清基金会計の収支決算を本部事務局において毎年行い，会員総会の承認を得る。
16. 小島清基金会計の監査は，日本国際経済学会の監事が担当する。
17. その他基金による事業の実施に必要な事項は運営委員会が定める。

日本国際経済学会　出版委員会

委員長（*The International Economy* 編集責任者）
　　　　　　　　　　　　　　　近藤　　健児（中京大学）
副委員長（『国際経済』編集責任者）　神事　　直人（京都大学）
委員　　　　　　　　　　　　　　石田　　　修（九州大学）
　　　　　　　　　　　　　　　　伊藤　　恵子（専修大学）
　　　　　　　　　　　　　　　　乾　　　友彦（学習院大学）
　　　　　　　　　　　　　　　　小川　　英治（一橋大学）
　　　　　　　　　　　　　　　　櫻井　　公人（立教大学）
　　　　　　　　　　　　　　　　中本　　　悟（立命館大学）
　　　　　　　　　　　　　　　　濱田　　弘潤（新潟大学）
　　　　　　　　　　　　　　　　東田　　啓作（関西学院大学）
　　　　　　　　　　　　　　　　増田　　淳矢（中京大学）
　　　　　　　　　　　　　　　　山本　　和博（大阪大学）
幹事　　　　　　　　　　　　　　清田　　耕造（慶應義塾大学）
　　　　　　　　　　　　　　　　丸山佐和子（神戸大学）

日本国際経済学会機関誌　投稿規定

1. 日本国際経済学会の機関誌（『国際経済』と THE INTERNATIONAL ECONOMY）は，学会の会員だけでなく非会員からの投稿も受け付ける。ただし，『国際経済』に非会員の投稿論文が掲載される際には，投稿者は学会に入会しなければならない。
2. 投稿論文は原著論文で，本誌以外に投稿されていないもの，また本誌以外での出版予定のないものに限る。
3. 『国際経済』の使用言語は日本語，THE INTERNATIONAL ECONOMY の使用言語は英語とする。
4. 投稿論文の長さは，『国際経済』では，図・表，参考文献，注を含め 20,000 字以内とする。THE INTERNATIONAL ECONOMY では，ダブルスペース A4 で図・表，参考文献，注を含め 35 枚以内とする。
5. 投稿論文はワープロ原稿とし，原則として，PDF 形式にして e-mail で送付することとする。また，原稿（3 部）や電子媒体物（CD-ROM，USB メモリスティック等）の郵送も受け付ける。ただし，電子ファイルの破損等による不具合が生じても，日本国際経済学会はいっさいの責任を負わない。
6. 投稿は，日本国際経済学会機関誌投稿受付係にて，随時受け付ける。
7. 論文の掲載の可否については，匿名の審査委員による審査に基づき，出版委員会が決定する。
8. 投稿者による論文原稿の手直しは，審査責任者からの改訂要求日から 1 年に限り有効とする。
9. 投稿論文の審査料は不要とする。また，論文の掲載が決定した場合の掲載料も不要とする。
10. 投稿論文は，掲載の可否にかかわらず返却しない。
11. 機関誌に掲載された論文は，独立行政法人科学技術振興機構（JST）の電子ジャーナルプラットフォーム J-STAGE（https://www.jstage.jst.go.jp/browse/-char/ja/）の電子ジャーナル『国際経済』と THE INTERNATIONAL ECONOMY に登載される。
12. 機関誌に掲載された論文の著作権（複製権，公衆送信権を含む）は，日本国際経済学会に帰属する。

日本国際経済学会機関誌投稿受付係
電子メール：jsie-journal @ jsie.jp

　ハードコピー原稿や電子媒体物等での投稿の場合は，本部事務局宛にご郵送ください。最新の本部事務局連絡先は，学会ホームページ http://www.jsie.jp にてご確認いただけます。

日 本 国 際 経 済 学 会

本部　事務局
　　　〒 658-8501　神戸市東灘区岡本 8-9-1
　　　　　　　　　甲南大学経済学部
　　　　　　　　　青木浩治研究室気付
　　　Tel: 078-435-2393（研究室直通）
　　　Fax: 078-435-2543（経済・法・経営合同事務室）
　　　E-mail: head-office@jsie.jp
　　　http://www.jsie.jp/index.html

会費徴収業務・会員管理業務
　　　学協会サポートセンター
　　　〒 231-0023　横浜市中区山下町 194-502
　　　　　　　　　学協会サポートセンター
　　　　　　　　　電話: 045-671-1525
　　　　　　　　　FAX: 045-671-1935
　　　　　　　　　E-mail: scs@gakkyokai.jp

新たな秩序を模索する 世界経済―今後の展望 と課題―	国際経済　第 68 巻（日本国際経済学会研究年報）

平成 29 年 10 月 20 日　発　行

編　集　兼　　日 本 国 際 経 済 学 会
発　行　所
〒 658-8501　神戸市東灘区岡本 8-9-1
甲南大学経済学部
青木浩治研究室気付

印刷・製本　中西印刷株式会社
〒 602-8048　京都市上京区下立売通小川東入ル
電話 075-441-3155　　FAX 075-417-2050
発売　中西印刷株式会社出版部　松香堂書店
ISBN 978-4-87974-732-7